Besser · Transfer: Damit Seminare Früchte tragen

Konzept und Beratung der Reihe Beltz Weiterbildung:

Prof. Dr. *Karlheinz A. Geißler*, Schlechinger Weg 13, D-81669 München.
Prof. Dr. *Bernd Weidenmann*, Weidmoosweg 5, D-83626 Valley.

Ralf Besser

Transfer:
Damit Seminare
Früchte tragen

Strategien, Übungen und Methoden,
die eine konkrete Umsetzung in die Praxis sichern

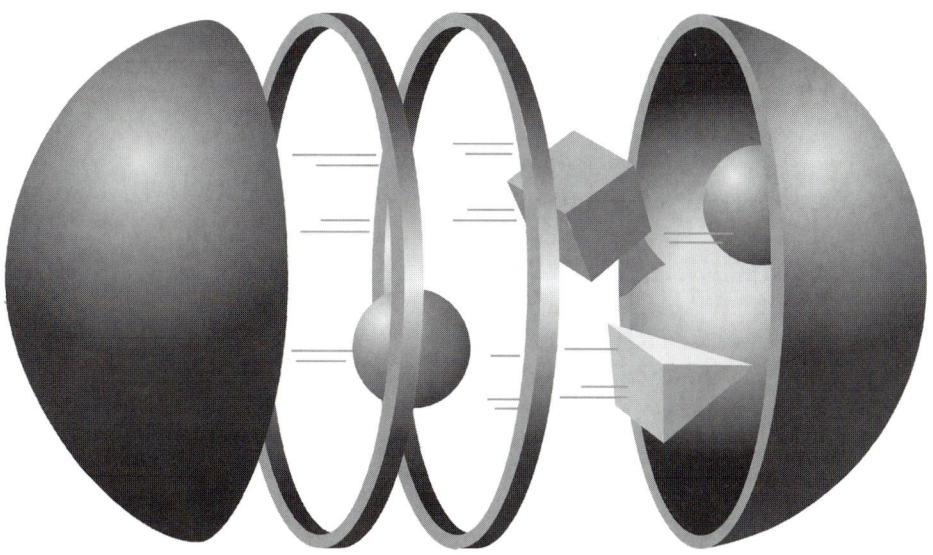

Beltz Verlag · Weinheim und Basel

 *Ralf Besser*, Dipl.-Ing., Jg. 1953, Trainer und Berater in der Deutschen Telekom AG. Über die langjährigen Erfahrungen als Personalentwickler für Trainer hat er sich als Berater und Gestalter von Veränderungsprozessen spezialisiert. Er zeichnet sich durch seine systemische, ganzheitliche und intuitive Arbeitsweise aus. Eines seiner leidenschaftlichen »Hobbys« ist die Trainerausbildung zur Suggestopädie.

Kontakte:

Telefon	04 21-27 45 69
Fax	04 21-2 76 90 40
E-Mail	r.besser@t-online.de
Adresse	Upper Borg 147, D-28357 Bremen

Workshops zum Thema Transfer vom Autor über WUP Will und Partner

Telefon	0 81 51-97 97 44
Fax	0 81 51-97 97 55
E-Mail	wup.will.und.partner@t-online.de
Adresse	Dürrbergstr. 9, D-82335 Berg

Gesetzt nach den neuen Rechtschreibregeln
Lektorat: Ingeborg Sachsenmeier

© 2001 Beltz Verlag · Weinheim und Basel
http://www.beltz.de
Herstellung: Ute Jöst, Publikations-Service, Birkenau
Satz: Satz- und Reprotechnik GmbH, Hemsbach
Druck: Druckhaus Beltz, Hemsbach
Umschlaggestaltung: Bernhard Zerwann, Bad Dürkheim
Abbildungen: Ute Bremer, Hamburg
Printed in Germany

ISBN 3-407-36372-9

Inhaltsverzeichnis

Einleitung

Vorwort – Warum ich dieses Buch eigentlich nicht schreiben sollte

Einige kritische Gedanken

»Die wichtigste Zeit im Seminar ist die Zeit nach dem Seminar!« So kann ich dieses Buch in einem Satz zusammenfassen. Was bringt das interessanteste Thema, super gestaltete Flipcharts, gründlich aufbereiteter Stoff, wenn all diese wunderbaren Erkenntnisse, die Trainer den Teilnehmern vermitteln, im Seminarraum verbleiben? Was sagt es wirklich aus, wenn die Teilnehmer begeistert im Seminarschlussfeedback Bestnoten verteilen, das Arbeitsumfeld im Beruf aber für Veränderungen nicht aufgeschlossen ist und den alten Zustand aufrecht erhält? Was ist, wenn die guten Vorsätze der Teilnehmer, noch voller Überzeugung im Seminar bekundet, in der Praxis wie die guten Vorsätze zu Sylvester, wieder schnell verblassen? Wie effektiv sind Seminare wirklich?

Und ich gehe noch einen Schritt weiter: »Das beste Seminar ist das Seminar, das nicht stattfindet!« Die nachhaltigsten Interventionen sind Veränderungsimpulse, die direkt in die Praxis hinein wirken. Statt Seminare durchzuführen, verfolge ich mittlerweile konsequent die Strategie, Begleitungen in der Praxis zu organisieren. Wenn irgend möglich gehe ich in die Situation vor Ort, trainiere dort, wo die Teilnehmer sind, setze mich mit den Problemen und Hindernissen direkt im Umfeld auseinander. So lassen sich alle Betroffenen direkt mit einbeziehen, Vereinbarungen realistisch treffen, gemeinsame Erlebnisse integrieren, die auch am Ort des Geschehens geankert und erinnert werden.

Daher auch der provokante Untertitel des Vorwortes: »Warum ich dieses Buch eigentlich nicht schreiben sollte.« Effektive Veränderungen lassen sich meiner Überzeugung nach nicht in Seminaren, sondern eher durch gezielte individuelle Lernerfahrungen vor Ort installieren. Aber natürlich gibt es viele Rahmenbedingungen, die ein Seminardesign trotzdem erforderlich machen. In diesem Spagat bewege ich mich in meinem Buch: Ich beschreibe Methoden und Übungen, die den Transfer hauptsächlich in Seminaren sicherstellen, obwohl ich gleichzeitig davon überzeugt bin, dass es überzeugendere Veränderungsstrategien und Konzepte gibt. Eigentlich sollte ich ein Buch über Praxisbegleitung, Coaching und Unterstützung in Veränderungsprozessen schreiben.

Zur Geschichte des Buches

Wie kam es nun trotzdem dazu, dass ich mich für das Thema Transfer in Seminaren entschieden habe? Vor einigen Jahren erhielt ich eine Anfrage von Sünne Espert vom »heidelberger institut beruf und arbeit«, ob ich nicht zum Thema Seminar-Transfer einen Workshop für Trainer gestalten kann. Erst über diese Anfrage wurde mir richtig bewusst, welche Strategien und Methoden ich bereits in meiner Trainingspraxis und meinen langjährigen Erfahrungen in der Trainerqualifizierung entwickelt hatte. Die Ergebnisse und Rückmeldung der Trainer in diesem Workshop ermutigten mich und es entstand die Idee zu einem Buch. Zwei Jahre später stellte ich meine Erfahrungen auf einer Konferenz zum Thema Veranstaltungsdesign von WUP Will und Partner vor. Die große Resonanz überraschte mich. Eine unerschütterliche Gruppe von transferbegeisterten Trainern traf sich nach dieser Veranstaltung sogar nochmals zu einem Gedankenaustausch. Ich hatte das Gefühl, in einen Raum vorgestoßen zu sein, der gefüllt werden möchte und ich entschied mich endgültig für eine Veröffentlichung meiner Erfahrungen.

Über das Buch

Es ist ein subjektives Buch geworden. Es enthält meine persönlichen Meinungen und Erfahrungen zum Thema Transfer. Das ist von mir so gewollt. Reiben Sie sich an seinem Inhalt, beziehen Sie für sich Stellung und verwerfen Sie das, was Ihnen nicht entspricht. Finden Sie Ihren eigenen Stil, Ihren persönlichen Bezug zum Thema Transfer.

Die meisten der hier vorgestellten Übungen wurden von mir selbst in unterschiedlichen Varianten erprobt. Zahlreiche weitere Übungen entstanden erst durch die intensive Auseinandersetzung mit dem Thema und während der Arbeit an diesem Buch.

Vielleicht kennen Sie einige der Übungen bereits. Bei der Konzeption ging ich davon aus, dass dieses Buch sowohl für Trainer und Personalentwickler, die neu in die Seminararbeit einsteigen als auch für »alte Hasen« von Nutzen sein sollte. Deshalb finden Sie hier auch Altbewährtes.

Gewisse Kenntnisse setze ich allerdings voraus. Ich gehe weder auf die Didaktik noch auf meine besondere Leidenschaft, die Suggestopädie, (ein ganzheitlicher Trainingsansatz, der die Persönlichkeit, Gefühle und den Körper in das Lernen integriert) ein. Sie werden aber bemerken, dass dieser Ansatz immer wieder in meinen Methoden durchscheint. Genauso werden Sie schnell herausfinden, welche weiteren Ansätze mich als Kommunikationstrainer und Berater geformt haben: Neurolinguistisches Programmieren, Systemische Beratung sowie Ansätze aus dem Arbeitskreis von Schulz von Thun.

Vielleicht arbeiten Sie mit dem Buch so, wie ich mich von der Praxis leiten lasse: Die besten Ideen kommen mir in Trainings- und Beratungssituationen. Lassen Sie sich von den Übungen anregen, kombinieren Sie die Ideen, stellen

Sie Ihr eigenes Menü zusammen, entwickeln Sie die Gedanken aus diesem Buch weiter und erfinden Sie Ihre eigenen Methoden. Das Buch soll anregen und keinen vollständigen, systematischen Überblick über den Transfer geben. Es soll zum Ausprobieren und zum Austausch motivieren. Obwohl ich mich in den Übungen häufig auf Seminare beziehe, lassen sie sich in Workshops, Prozessbegleitungen, Teamentwicklung, Beratungssituationen und anderen Veranstaltungen abgewandelt ebenso effektiv einsetzen. Wie sich die Methoden aufeinander beziehen und sich vernetzen, finden Sie in der Strategie-Tabelle (⇨ S. 30). Diese Übersicht erschließt Ihnen das Buch.

Aus den Seminaren und Prozessbegleitungen vor Ort habe ich gelernt, dass die Praxis der Wegweiser ist. Und die Praxis, dieses Buch zu schreiben, hat mir gezeigt, wie wichtig eine Vernetzung von Trainern ist. So möchte ich nicht nur ein Buch schreiben, sondern einen dauernden Austausch zum Thema Transfer aufbauen. Mehr dazu im Kapitel »Wie geht es weiter? – Ein Netzwerk«.

Transfer – Definitionen

Wie definieren Trainer Transfer? Vielleicht haben Sie sich das selbst schon gefragt? Möglicherweise ist Ihnen die Frage gerade eben erst beim Lesen in den Sinn gekommen? Hier sind einige authentische Aussagen von Trainern:

❖ Transfer ist das, was vom Kurz- in das Langzeitgedächtnis und dann in das Verhalten geht.
❖ Transfer ist das, was von dem, was ich als Input gebe, umgesetzt wird.
❖ Gelerntes in eine Situation, in den Alltag integrieren und anpassen.
❖ Die Praxis in das Seminar holen.
❖ Die Realisierung der Zielsetzung.
❖ Transfer bedeutet die konkrete Umsetzung des Wissens aus einem Seminar in die Praxis bei gleichzeitiger Integration der Historie.
❖ Impulse geben; Mut machen, dass die Teilnehmer etwas umsetzen; Selbstverantwortung.
❖ Transfer bedeutet, das Gelernte praktisch anzuwenden.
❖ Wissen zu transportieren.
❖ Von hier nach da bewegen.
❖ Etwas rüberbringen.
❖ Beantwortung der Frage: Was nehme ich mit und was setze ich um?

Eine mögliche Definition

Meine Gedanken und Erfahrungen zum Thema Transfer haben mich ebenfalls zu einer Definition geführt: »*Transfer bedeutet, dass Neues so stimmig in die Person integriert wird und zum Umfeld passt, dass es wie selbstverständlich umgesetzt wird.*« Oder einfacher ausgedrückt: »*Der beste Transfer ist der, den man selbst nicht bemerkt.*«

Meine Definition hat Konsequenzen: Sie finden Methoden, die die persönliche innere Klärung der Teilnehmer und die Klärung des Kontextes zum Inhalt haben. Übungen, die teilweise mehrere Stunden in Anspruch nehmen. Das ist aber meiner Erfahrung nach eine realistische und notwendige Investition in den Transfer. Wie soll die Umsetzung in die Praxis erfolgen, wenn nicht aus der Eigenmotivation der Teilnehmer heraus?

Was Sie in diesem Buch nicht finden – Didaktik

Natürlich ist Didaktik für das Thema Transfer in hohem Maße relevant. Ich gehe davon aus, dass Sie Ihren persönlichen Stil gefunden haben und wahrscheinlich ständig weiter verändern. Wenn Sie das Kapitel »Worauf es noch ankommt – Die innere Haltung des Trainers« (⇨ S. 18) durchstöbern, erfahren Sie, was mir bei einer transferorientierten Didaktik wichtig ist. In Fragen kurz zusammengefasst heißt das: Wie wach und radikal hinterfragen Sie Ihren Stil und Ihre Methoden im Hinblick auf Transfer? Welches Denken und Fühlen lösen Sie durch Ihre persönliche Art zu trainieren bei Ihren Teilnehmern aus? Welche Konsequenzen hat das für den Transfer?

Dieses Prinzip habe ich in der Übung *Seminarplanung* (⇨ S. 38) genauer beschrieben. Versetzen Sie sich in die Lage eines Teilnehmers und überprüfen Sie aus dieser ebenso wie aus anderen Sichtweisen heraus die Wirksamkeit Ihrer Didaktik.

Ein zweiter bedeutungsvoller Satz ist: »Was hilft, ist genau das Richtige.« Manchmal ist es ein Vortrag, manchmal eine ver-rückte Übung, ein anderes Mal eine persönliche Klärung. Ich glaube nicht, dass es *die* Methode gibt, sondern nur den angemessenen, wirkungs- und transferoptimierten Einsatz. Und schließlich müssen die Methoden auch zu Ihnen als Person und zu Ihrem persönlichen Trainingsstil passen.

Ein wesentlicher Kern einer transferoptimierten Didaktik ist allerdings die persönliche Integration des vermittelnden Stoffes. Deshalb finden Sie unter den beschriebenen Methoden viele Übungsmuster, die genau dieses Ziel haben. Dies trifft beispielsweise auf die Übungen *Glaubenssätze* (⇨ S. 104) und *Das Spalier* (⇨ S. 156) zu.

Meine persönlichen Überzeugungen sind eng mit den Prinzipien der Suggestopädie, einem ganzheitlichen Ansatz, verbunden. Der gesamte Lerninhalt soll nach Möglichkeit mit positiven Gefühlen und Erfahrungen verbunden, das Wissen über Körpererfahrungen geankert und der Kontakt zum lernenden inneren Kind wieder hergestellt werden. Das schafft innere Stress- und Blockadefreiheit bei der Anwendung des Neuerworbenen.

Wer erwartet was? – Die verschiedenen Sichtweisen auf den Transfer

Wenn Sie vermuten, dass unter Transfer immer dasselbe verstanden wird, dann ist das eine Illusion. Ich habe weiter oben verschiedene Definitionen von Transfer beschrieben. Und wie unterschiedlich wird dieser Begriff erst umschrieben, wenn Sie sich in den verschiedenen betroffenen Gruppen umhören. Wie definieren Seminarteilnehmer, Auftraggeber und schließlich Sie selbst als Trainer den Transfer?

Ein *Teilnehmer* meint beispielsweise: »Bevor ich über Transfer rede, ist mir erst einmal mein eigenes Befinden wichtig. Ich möchte Spaß haben, mich wohl fühlen und Kontakte knüpfen. Ich möchte für den Stoff motiviert werden, deshalb muss er interessant aufbereitet sein. Das Seminar soll meine Arbeit erleichtern und meiner Karriere dienen.«

Der *Auftraggeber* denkt vielleicht so: »Transfer heißt für mich Zielerreichung. Ein Seminar, das meine Ziele nicht unterstützt, ist eine Fehlinvestition. Ich brauche einen Mehrwert, den ich messen kann, das heißt, das Seminar muss einen betriebswirtschaftlichen Nutzen bringen.«

Als Trainer sollten Sie diese beiden Sichtweisen in Ihren Seminaren berücksichtigen. Die beiden Übungen *Auftragsklärung* (⇨ S. 34) und *Seminarplanung* (⇨ S. 38) sollen Sie dabei unterstützen. Interessenkonflikte sind natürlicherweise nicht auszuschließen. Sie müssen offen angesprochen und geklärt werden.

Worauf es ankommt – Schlüsselfaktoren für einen erfolgreichen Transfer

Schlüsselfaktor Einwandbehandlung

Themen können noch so gut aufbereitet, präsentiert und bearbeitet werden, der Seminarerfolg lässt sich nur daran messen, was die Teilnehmer in ihrem Arbeitsalltag umsetzen. Worauf kommt es an? Welche Prinzipien sind entscheidend für eine transferorientierte Seminarstrategie? Zwei Schlüsselfaktoren stehen für mich im Mittelpunkt.

Der erste Schlüsselfaktor ist die *Einwandbehandlung* (⇨ S. 80). Die Auseinandersetzung mit jedem inneren »Nein« der Teilnehmer, wie auch immer ausgedrückt, ist von entscheidender Bedeutung für den Lernerfolg. Denn jeder Einwand ist ein Hinweis auf Optimierungspotenzial. Hier zielt meine Definition hin: »Transfer bedeutet, dass Neues so stimmig in die Person integriert wird und zum Umfeld passt, dass es wie selbstverständlich umgesetzt wird.«

Wenn ein Trainer mit diesem Schlüsselfaktor im Bewusstsein trainiert, hat das Konsequenzen: Die Wahrnehmung des Teilnehmers und der ständige Austausch mit ihm stehen im Mittelpunkt der Aufmerksamkeit. Jedes »Nein« oder »Vielleicht« spornen zum Nachfragen an. Einwände werden aufgedeckt, eventuell verstärkt und verhandelt. Was ist stimmig für die Person? Wie kann sie das Neue in ihrem Umfeld umsetzen? – Durch dieses Nachfragen und Verhandeln entsteht auch eine andere Seminaratmosphäre. Die Bereitschaft der Teilnehmer, sich mit den Inhalten auseinander zu setzen, anstatt nur zu konsumieren, wächst. Es beginnt ein wirklicher Austausch ohne die Angst, sich eventuell bloß zu stellen.

Mit dieser inneren Haltung und Neugierde des Trainers erfahren auch die Seminarkonzepte eine Veränderung. Im Vordergrund steht nun die Frage, was durch den Seminarablauf in den einzelnen Teilnehmern ausgelöst wird. Tragen Ablauf, Übungen und Dramaturgie zu einem inneren »Ja« der Teilnehmer bei oder lösen sie einen Rückzug aus? Welche Reibungen oder Auseinandersetzungen entstehen durch das Seminardesign? Und wie kann sich dieser Spannungsbogen in neue Erkenntnisse für die Teilnehmer verwandeln? Der Trainer wird durch dieses Prinzip der *Einwandbehandlung* zu einer Art Sherlock Holmes des Transfers. Er versucht ständig, innere Prozesse zu ergründen.

**Schlüsselfaktor
Personalentwicklung**

Der zweite Schlüsselfaktor weist aus dem Seminar hinaus in die Praxis: Die *Personalentwicklung.* Was würde sich im Seminar alles verändern, wenn jeder Teilnehmer vor einem Seminar mit seinen Vorgesetzten ein ausführliches Gespräch über seine Qualifizierungsmaßnahme geführt hätte (*Transfergespräch* ⇨ S. 42)? Jedes Seminar wäre dann Bestandteil eines Wachstumsprozesses: abgesprochen und nachvollziehbar. Der Sinn der Maßnahme wäre jedem Teilnehmer klar, die Vernetzung seines neuen Wissens in die Praxis offensichtlich erwünscht und sichergestellt. Sein Umfeld wäre neugierig auf die Erfahrungen, die aus dem Training mitgebracht werden (*Kontextklärung* ⇨ S. 110). Das Seminar würde so bis in die Praxis hineinwirken. Eine Kultur des gegenseitigen Lernens könnte entstehen.

Zusammengefasst bedeutet dies: Um Transfer zu erreichen, ist eine doppelte Perspektive erforderlich. Nämlich: Wie integriert der Teilnehmer das neue Wissen in seinen Erfahrungshintergrund und inwiefern ist sein Umfeld ein fruchtbarer Boden für den Transfer?

Worauf es noch ankommt – Die innere Haltung des Trainers

Es sollte sich herumgesprochen haben: Methoden allein bleiben bloß Methoden. Wirklich professionell angewandt, sind sie mit der Person durchwirkt, die sie anwendet und leben durch sie hindurch. Sie entspringen sozusagen aus einer tieferen Quelle, aus der inneren Überzeugung. Dementsprechend werden sie wirkungsvoller. Der Trainer agiert authentisch und dies wirkt sich auf die Teilnehmer aus. Sie werden die Überzeugung des Trainers weder bewusst noch unbewusst in Frage stellen. Sie können sich so auf die eigene Betroffenheit konzentrieren und müssen sich nicht auch noch mit der Frage beschäftigen »Wie ernst meint es eigentlich der Trainer?« Je authentischer ein Trainer ist, desto leichter fällt es den Teilnehmern, sie selbst zu sein. Diese Authentizität der Teilnehmer ist eine wichtige Voraussetzung für die persönliche Integration und damit für den Transfer.

Ob Sie es wollen oder nicht, jeder Teilnehmer »durchleuchtet« Sie und überprüft, ob er Sie als Vorbild akzeptieren kann. Er stellt stille Fragen: Wie lernen Sie? Wie gehen Sie mit Fehlern um? Wie hinterfragen Sie sich selbst? Wie gehen Sie mit Kritik um?

Bedeutung von Glaubenssätzen

Ich habe viele Trainer in meiner Rolle als Trainerentwickler in Seminaren begleitet. Es brauchte nie viel Zeit, bis ich durch die Beobachtung der konkreten Verhaltensweisen und ihre intuitive Wirkung auf mich einige Glaubenssätze aufdecken konnte. Sie wurden mir fast immer bestätigt. Glaubenssätze sind generalisierte Erfahrungen, die wir häufig in unserem Leben oder im Trainerdasein gemacht haben. Irgendwann verdichten sie sich zu einem Satz, zu einem Satz, der uns ausrichtet, der unser ganzes Verhalten, sogar unsere Gestik und Mimik beeinflusst. Glaubenssätze sind sozusagen Leitlinien für unser Leben. Sie besitzen für uns absolute Gültigkeit. Das kann wunderbar sein, wenn sie den Handlungsspielraum erweitern und die Kreativität fördern. Kritisch wird es dann, wenn sie einschränken, uns nur wie mit Scheuklappen handeln lassen. Allein das Wort »muss« weist immer auf einen einschränkenden Glaubenssatz hin.

Zur Verdeutlichung gebe ich einige Beispiele aus der Praxis. Häufig entdeckte ich Glaubenssätze, die die Rolle des Trainers in den Mittelpunkt stellten.

Das geschieht meist nicht aus Egoismus, sondern resultiert aus einem bestimmten Trainerbild (ein Trainer muss/soll/sollte so und so sein):

> »Ich muss immer etwas tun, damit das Seminar gut ist.«
> »Ich bin allein für den Erfolg verantwortlich.«
> »Ich muss auf alles eine Antwort finden.«

Ein Trainer, den diese Glaubenssätze prägen, ist ständig aktiv: Er handelt aus seiner Kompetenz heraus, strukturiert vor und möchte wahrscheinlich seine persönliche Lernerfahrung auf die Seminarteilnehmer übertragen. Ist für ihn die innere Themen-Checkliste mit Erfolg abgehakt, dann meint er, ein erfolgreiches Seminar abgehalten zu haben. Er läuft dadurch Gefahr, den Kontakt zur Individualität seiner Seminarteilnehmer zu verlieren und es entstehen die typischen trainerzentrierten Seminare.

Andere Glaubenssätze sind zum Beispiel:

> »Erfahrung geht über das Wissen.«
> »Lernen ist logisch und geht Schritt für Schritt.«

Auch diese Glaubenssätze schränken ein. Müsste der erste Satz nicht gerade umgekehrt lauten, um Transfer zu begünstigen? Und was ist, wenn man den zweiten konsequent zu Ende denkt? Die Teilnehmer werden an die Hand genommen und auf einen vorbereiteten Weg geführt. Kurze Abstecher sind nicht erlaubt oder werden schnell wieder korrigiert: Wissen kann sich nicht vernetzt ausbreiten, von einer Erfahrung zur anderen springen, Bezüge und Zusammenhänge herstellen, intuitiv oder verrückt sich seine Erkenntnisbahn suchen. Lernen ist keine linear verlaufende Anreihung von Wissen! Lernen bedeutet Integration. Und das ist ein Glaubenssatz von mir. Sie merken es schon, Sie können diesen Sätzen nicht entgehen. Sie sind wirklich immer da und wirken.

Genauso ist es mit Hierarchien, bestimmten Reihenfolgen und Prioritäten in uns, die einschränken, wie zum Beispiel:

»Inhalte vor Menschen«
»Logik vor Betroffenheit«
»Viel vor Wesentlichem«
oder erweiternd wirken können:
»Praxis vor Wissen«
»Inneres vor Äußerem«
»Auseinandersetzung vor Harmonie«

Und welche Glaubenssätze erweitern den eigenen Handlungsspielraum und unterstützen in ihrer Wirkung den Transfer?

»Die Praxis ist mein Maßstab.«
»Ich kann mich auf den Prozess einlassen.«
»Ich genieße die Verschiedenartigkeit.«
»Ich habe Zeit.«
»Aus Fehlern kann ich lernen.«

Solche oder ähnliche Sätze öffnen, sie lassen Entwicklung zu. Mancher Trainer streut immer wieder Praxisfälle ein und integriert gezielt die Erfahrungen der Teilnehmer in das Seminar. Ein anderer ist neugierig, was ihm in diesem Training begegnen wird. Welche Fragen, Überraschungen und vielleicht Auseinandersetzungen? Er wird heraushören, was die Teilnehmer bewegt. Seine Wahrnehmung wird wach sein.

Veränderung von Glaubenssätzen

In der suggestopädischen Ausbildung nehmen wir uns ein ganzes Wochenende Zeit, damit jeder Teilnehmer einen inneren Satz findet, der ihn als Trainer eher einschränkt. Der erste Satz, der ausgesprochen wird, gibt nur eine Richtung an, in der weiter nachgeforscht werden muss. Durch genaues Zuhören und Nachfragen öffnen sich weitere Annahmen hinter dieser ersten Näherung (*Glaubenssätze* ⇨ S. 104). Man spürt und sieht regelrecht, wann der wirkliche Glaubenssatz gefunden ist: Dann breitet sich Berührung und Betroffenheit aus. Bisher habe ich noch keinen Trainer erlebt, der nicht einen prägenden einschränkenden Glaubenssatz in sich getragen hat. Der nächste Schritt ist die Würdigung dieses Satzes. Was war ursprünglich der tiefere, positive Sinn dieser Grundannahme? Welchen – meist unbewussten – Zweck erfüllt sie? Einen solchen ursprünglichen Zweck gibt es immer! Jedoch ist er oft in Vergessenheit geraten. Wenn diese Quelle angezapft ist, kann der letzte Schritt getan werden: Der Glaubenssatz wird verändert, und zwar so, dass die positive Absicht erhalten bleibt. Wird er komplett umgeschrieben oder in Nuancen verändert? Wird nur aus einem »Muss« ein »Kann« oder ein »Vielleicht«? Meistens beinhaltet der erste Veränderungsschritt eher einen kleineren Wandel. Das ist beabsichtigt, denn er muss sich organisch einfügen und darf keinen unrealistisch großen Sprung darstellen. So wird der neue Satz zu einer wegbegleitenden Affirmation, die sich langsam einprägt und zu wirken beginnt.

Wie steht es mit Ihnen? Welche Sätze sind aus Ihrer Lebenserfahrung entstanden und prägen Sie? Welche Grundannahmen haben Sie aus Ihrer Trainerausbildung mitgenommen? Auch dieser Aspekt ist übrigens eine intensive Betrachtung wert: Welche Glaubenssätze haben Trainingsinstitute, hatte Ihre Ausbildung? Nehmen Sie sich einmal Zeit, dies für sich herauszufinden. Bitten Sie einen guten Freund oder eine gute Freundin, so lange nachzufragen, bis Sie beide das Gefühl haben, an einen wirklichen Kern vorgedrungen zu sein. Decken Sie den ursprünglich positiven Zweck dieses Glaubenssatzes auf und finden Sie eventuell einen neuen veränderten Satz, der Sie begleiten kann. Es lohnt sich.

Worauf es außerdem ankommt – Die innere Haltung der Teilnehmer

Mit welcher Grundhaltung kommen die Teilnehmer ins Seminar? Natürlich können Sie das nicht genau vorhersagen, aber nach einer bestimmten Zeit beginnt es jeder Trainer zu erahnen. Eines wissen Sie jedoch schon, bevor der erste Teilnehmer den Fuß in Ihren Seminarraum gesetzt hat: Ihre eigenen Glaubenssätze werden prägend sein! Sie übertragen sich auf die Teilnehmer und rufen in ihnen bestimmte Lernererfahrungen und damit Grundannahmen wieder hervor. Sie gestalten Atmosphäre und öffnen oder schließen Handlungs- und Lernräume.

Lernen ist eine heikle Angelegenheit. Sie können davon ausgehen, dass die Prägungen der Schulzeit häufig einschränkende Glaubenssätze hinterlassen haben. Zudem hatte das Lernen in der Schule wenig mit Transfer zu tun. Lernen wurde zu häufig auf ein Lernen für die Lehrer, für die Noten reduziert. Auch wenn Ihnen Ihre Seminarteilnehmer als erwachsene Menschen begegnen: Die einmal gelernten und immer wieder bestätigten Sätze behalten ihre Gültigkeit.

Glaubenssätze über das Lernen

Durch diese prägenden Lernerfahrungen ist Transfer nicht immer das wirkliche innere Anliegen der Seminarteilnehmer. So verrückt sich das auch anhört. In ihrer Erfahrungswelt ist ein Seminar dann zufriedenstellend verlaufen, wenn sie alles verstanden haben. Das war in der Schule überlebensnotwendig: Wissen aufnehmen und wiedergeben, um gute Noten zu erzielen. Diese alten Lernerfahrungen wirken heute bis in Ihre Seminare hinein.

Aber es gibt natürlich nicht nur diese Art von Prägungen. Erfrischend und manchmal angenehm unbequem sind mir da Teilnehmer, die Annahmen in sich tragen wie:

»Ich kann so lange fragen, bis ich alles verstanden habe.«
»Fehler bringen mich weiter.«
»Ich weiß, was ich brauche.«
»Ich bin der Anwalt meiner Bedürfnisse.«

Dann wird es lebendig. Die Schutzwälle haben keine Bedeutung mehr. Räume voller Direktheit und Neugierde öffnen sich. Unsere Kreativität wird in dieser fruchtbaren Auseinandersetzung gefordert und gefördert. In dieser Atmosphäre kann Transfer trefflich gedeihen.

Und: Welche Glaubenssätze bringen die Teilnehmer aus ihrem Arbeitsumfeld mit? Welche Erfahrungen haben sie dort geprägt und sind zu persönlichen Glaubenssätzen geworden? Sind sie erweiternd oder einschränkend? Und: Welche Erfahrungen bringen Ihre Teilnehmer aus den bisher erlebten Seminaren mit? Auch mit diesen Sätzen werden Sie konfrontiert. Diese Grundannahmen sind in der persönlichen Lebensgeschichte eher neu, leichter bewusst und daher einfacher durch neue Erfahrungen zu verändern.

Glaubenssätze aus dem Arbeitsumfeld

Ein weiteres wichtiges Feld sind die kollektiven Glaubenssätze sowie die offenen und verdeckten Regeln des Systems, aus dem die Teilnehmer kommen. Mit diesen Glaubenssätzen werden Sie vor allem in den Trainings vor Ort konfrontiert. Diese sind für mich fast immer deutlich spürbar. Je nach Situation spreche ich sie direkt an (zum Beispiel durch die Übung *Wirklichkeitserkundung* ⇨ S. 113) oder ich versuche, indirekt auf sie zu reagieren. Diese Glaubenssätze sind zwar nicht so tief verankert wie die Sätze aus der Schulzeit, werden aber durch das Umfeld, die Kollegen oder Vorgesetzten, ständig bestätigt und gefestigt. Wenn Sie den Handlungsspielraum erweitern möchten, sollten Sie mit ihnen arbeiten. Das geschieht zum Beispiel schon dadurch, dass sie bewusst aufgedeckt werden. Sind sie einschränkend, eröffnet sich ein wichtiges Betätigungsfeld für Sie als Trainer.

Transfer ohne die Berücksichtigung dieser einschränkenden kollektiven Glaubenssätze ist kaum möglich. Daraus resultiert auch meine Erfahrung, dass die wirkungsvollsten Trainings die Maßnahmen vor Ort sind. Nur wenn Sie das gesamte Umfeld mit in die Veränderungen, in das Lernen, integrieren, breitet sich wirklicher Transfer aus.

Und was sagen die anderen dazu? – Der Kontext

Die Seminarwelt ist eine Insel. Alle Erfahrungen und Erlebnisse verbinden sich mit diesem Umfeld. Sie werden mit dem Raum, den anderen Teilnehmern, mit dem Trainer geankert. Gleiches gilt für den Mut, etwas Neues auszuprobieren. Während sich also der Teilnehmer zu verändern beginnt und von der Gruppe Bestätigungen und Ermutigungen erhält, seine Ressourcen aktiviert und Veränderungsprozesse durchlebt, ändert sich nichts im Arbeitsumfeld. Im Gegenteil, Sie können eher davon ausgehen, dass dort versucht wird, den alten Zustand beizubehalten. Menschen haben eine große Affinität das Alte zu bewahren. Ein bekannter Schlüsselsatz für dieses Phänomen lautet: »Das haben wir schon immer so gemacht!« Wenn Sie diese Kräfte außer Acht lassen, lassen Sie den Transfer außer Acht. Er kann nur mit Berücksichtigung der realen Praxis stattfinden. Transfer ist komplex und ähnelt daher eher einer Expedition in unbekanntes Gelände als einer Fahrt auf einer Autobahn mit durchnummerierten Ausfahrten und ständigen Verkehrshinweisen im Radio.

Einige systemische Gedanken

Aus den gleichen Gründen hat sich die »Systemische Familientherapie« entwickelt. Gestörte Kinder können nicht allein behandelt werden. Sie sind Bestandteil des Systems Familie und oft (fast immer) Träger eines Symptoms des gesamten Systems. Sie stellen mit ihrem gestörten Verhalten etwas für das Ganze sicher, auch wenn sie darunter selbst Schaden erleiden. Die Lösung liegt nicht darin, allein das Kind zu verändern. Durch das Verhalten des Systems wird dem Kind eine bestimmte Rolle zugeschrieben, die es dann ausfüllt. Ändert das System Familie sein Verhalten und schreibt dem Kind damit eine andere Rolle zu, verändert es automatisch sein Verhalten.

Nun ist ein Seminar natürlich keine Familientherapie, aber die Muster können durchaus ähnlich sein. Auch ein eventuelles Transfer verhinderndes Verhalten eines Teilnehmers kann für etwas stehen. Hat er vielleicht eine Alibifunktion für seine Führungskräfte übernommen (»Aber wir tun doch was für unsere Leute!«)? Oder nimmt er im Seminar genau wie in seinem Arbeitsalltag die Rolle als »Innovativer Spinner« oder »Unverbesserlicher« ein? Und wofür steht dann diese Rolle? Stabilisiert er damit vielleicht sogar den Stillstand in einem Team, weil sich die anderen Mitglieder durch das Übertrieben-anders-sein dieses einen Kollegen sich nicht mehr ernsthaft mit notwendigen Veränderungen auseinander setzen müssen? So verrückt es klingt, dann unterstützt er letztlich die Mitarbeiter, die »Alles beim Alten lassen« wollen in einem Team.

Oder: Ist in einem Team alles einheitlich? Einheitlich gut oder einheitlich schlecht? Dann können Sie beispielsweise einen »Andersartigen« in seiner Rolle unterstützen und verstärken, sodass er in seinem Umfeld auf provozierende Weise förderlich wirkt. Dadurch kann sich das gesamte Team plötzlich verändern. Es kann aber auch das genaue Gegenteil helfen, um einen möglichst hohen Transfer für die gesamte Praxissituation zu bewirken. Verstärken Sie paradoxerweise das Bestehende und Hinderliche. Durch diese Zuspitzung kann sich ein Team von alten Mustern lösen und sich in neue Richtungen bewegen.

Deshalb haben Einwände für mich immer einen großen Stellenwert. Lassen Sie daher das System, aus dem der Teilnehmer kommt, im Seminar sprechen. Welche (offenen und verdeckten) Absichten haben die Teilnehmer in das Seminar geführt?

Sie finden in diesem Buch einige Übungen, um im Seminar den Kontext zu berücksichtigen: *Kontextklärung* (⇨ S. 110), *Unzufriedenheitsgenerator* (⇨ S. 58), *Anliegenarbeit* (⇨ S. 101), *Wirklichkeitserkundung* (⇨ S. 113), *Glaubenssätze* (⇨ S. 104), *Praxisposition* (⇨ S. 86) und *Einwandbehandlung* (⇨ S. 80). Selbst die Übung *Inneres Team* (⇨ S. 97) hat mit dem Kontext zu tun. Die Aufstellung der Teammitglieder ist abhängig vom jeweiligen Zusammenhang und spiegelt damit die Realität der Praxis wider.

Ansätze, im System zu trainieren, finden Sie in den Übungen *Veränderungsbeobachter* (⇨ S. 185), *Transfergespräch* (⇨ S. 42), *Praxisbegleitung* (⇨ S. 181), *Kompetenzaktivierung* (⇨ S. 212), *Auftragsklärung* (⇨ S. 34) und *Auftragsabschluss* (⇨ S. 176).

Evaluation – Ein heißes Eisen

Einige kritische Gedanken

Welche Bedeutung hat für Sie der Abschlussfragebogen? – Das Schlussfeedback ist für mich keine wirkungsvolle Rückmeldung, sondern eher ein Ritual, um ein Seminar »würdig« abzuschließen. Ich werte sie eher mit großer Skepsis aus. Warum? Ich habe viele Seminare als Supervisor begleitet. So konnte ich aus einer methodischen Sicht die Rückmeldungen der Teilnehmer einigermaßen neutral bewerten. Natürlich bin ich mir bewusst, dass ich allein durch meine Anwesenheit schon eine Störquelle darstellte und so Einfluss auf die Rückmeldungen nahm. Meine Erfahrungen sind dennoch typisch: Selten wird etwas wirklich Brauchbares mitgeteilt, in der Regel handelt es sich eher um ein »Gefälligkeitsfeedback«. Meine Einschätzung des Seminars unterschied sich fast immer von den Sichtweisen der Teilnehmer. Wie soll es ein Teilnehmer auch bewerten können? Er hat nur das erlebt, was ihm geboten wurde. Er kennt kaum Alternativen. Natürlich sind Rückmeldungen, wie »Würden Sie das Seminar weiterempfehlen?« bedeutungsvoll. Sie erfahren aber nicht, was es wirklich gebracht hat. Selbst die Frage »Wie viel können Sie von dem Seminar in Ihrer Praxis umsetzen?« hat lediglich einen hypothetischen Wert. Zudem wissen Sie nicht, mit welcher inneren Haltung der Teilnehmer diese Frage beantwortet hat. Dazu ein charakteristisches Beispiel:

In den Kaffeepausen war es das Thema Nummer eins: Das Seminar tauge nichts. Keiner war zufrieden, alle klagten. Zurück im Seminar, geschah jedes Mal eine wundersame Wandlung. Keiner äußerte die Kritik, die so vehement das Pausengespräch bestimmt hatte. Ich sprach das dann in der nächsten Pause an und alle meinten, dass wir das mit dem Trainer besprechen sollten. Wer dann letztendlich darauf zu sprechen kam, dürfte Ihnen wohl klar sein. Ich stand allein auf weiter Flur. Ein Teilnehmer nahm mich dann am Ende des Seminars in seinem Auto mit zum Bahnhof. Ich fragte ihn beiläufig, wie er das Seminar denn in dem Feedbackbogen beurteilt habe. Seine Antwort konnte mich schon nicht mehr erschüttern: »Ich habe es als gut bewertet. Das Seminar ist doch sowieso vorbei und ich fahre jetzt nach Hause.«

Dieses Beispiel lässt sich natürlich nicht generalisieren. Es ist aber eine Erfahrung, die meine Eindrücke auf den Punkt bringen. Fragebögen setze ich kaum mehr ein. Selbst wenn sie von den Teilnehmern erst nach dem Seminar zu Hause ausgefüllt und zugesandt werden. Ebenso beurteile ich die schriftliche Rückmeldung der Vorgesetzten über mögliche Seminarerfolge kritisch. Zu oft musste ich erleben, wie wenig Interesse Vorgesetzte an einem wirklichen Transfer haben. Kreuze lassen sich zwar wunderbar auswerten, die Haltung desjenigen, der die Zettel ausfüllt, wird jedoch nicht aufgedeckt. Und auf diese Haltung kommt es an.

Ein Lösungsansatz   *Was also tun?* Die Lösung liegt meiner Meinung nach im Schlüsselfaktor »Personalentwicklung«. Nur wenn die Weiterbildungsmaßnahme in einen größeren Zusammenhang eingebettet ist und an dem Transfer von verschiedenen Seiten ein wirkliches Interesse besteht, macht eine Evaluation wirklich Sinn. Dann kann sie zu einer wirkungsvollen Feedbackschleife werden. Allerdings nicht auf Papier, sondern in Form persönlicher Gespräche.

In der Übung *Auftragsklärung* (⇨ S. 34) werden diejenigen Kriterien herausgearbeitet, an denen die gewünschten Veränderungen zu bemerken sind. Diese Kriterien müssen realistisch sein: Für den Vorgesetzten und den Mitarbeiter (Ihrem Seminarteilnehmer). Mit jedem Seminarteilnehmer sollte daher vor und nach der Maßnahme ein verbindliches *Transfergespräch* (⇨ S. 42) geführt werden. Die Erfahrungen und Erfolgskriterien werden in einem *Auftragsabschluss* (⇨ S. 176) reflektiert. Erst dann kann wirklich evaluiert werden. – So einfach und doch so aufwendig ist Evaluation.

Damit sich für Sie alles erschließt – Die Struktur der Methoden

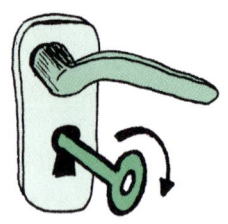

Zur schnellen Übersicht und Orientierung habe ich jeder Übung beziehungsweise Methode eine inhaltliche Beschreibung in einem Satz vorangestellt. Erst dann erläutere ich das Ziel. Die Dauer der Übungen sind nur Richtwerte. Sie werden feststellen, dass ich sie eher zu knapp bemessen habe. Ab und zu finden Sie die Rubrik »Voraussetzungen«. Ich habe sie nur dort eingefügt, wo sie meiner Ansicht nach unumgänglich ist. Über die Metapher können Sie die Übung in Ihrem Training bild- oder gleichnishaft vorstellen (Beispiel: Die Auftragsklärung ist wie eine Ouvertüre, eine wichtige Voraussetzung für ein gelungenes Seminar). Ich möchte damit Ihre Fantasie anregen und die Bedeutung der Methoden unterstreichen.

Den Ablauf der Übungen habe ich zum größten Teil sehr ausführlich beschrieben und teilweise bewusst überzogen angereichert. So finden Sie zum Beispiel in der Übung *Rezeptverschreibung* (⇨ S. 133) ein großes Spektrum von möglichen Fragen, die Sie wahrscheinlich in der Praxis nicht alle benötigen. Meine Absicht dabei war, die Möglichkeiten aufzufächern und Sie entscheiden zu lassen, was für Ihre Trainings die richtige Mischung ist.

In den Fantasiereisen spreche ich die Seminarteilnehmer durchgängig mit »du« an, auch wenn im Seminar das »Sie« gelebt wird. Der Grund ist folgender: Die Fantasiereisen sollen den inneren Kontakt der Teilnehmer unterstützen und auch das Un- bzw. Vorbewusste ansprechen. Kaum ein Mensch spricht sich selbst mit »Sie«, sondern mit »du« an.

Die Rubrik »Varianten« soll Sie anregen, die Methoden weiter zu verändern und an Ihre Situationen anzupassen. Unter den »Schwierigkeiten« finden Sie Hinweise, worauf bei den Übungen besonders zu achten ist, welche kritischen Faktoren es bei der Durchführung gibt oder wo unerwartete Fallgruben versteckt sind. Bei den Anmerkungen finden Sie noch einige Hinweise, die meiner Ansicht nach den Lesefluss in der Übung gestört hätten und daher hier extra ihren Platz finden. Ganz zum Schluss habe ich noch einige persönliche Erfahrungen angemerkt. Vielleicht führen Sie das mit Ihren eigenen Erfahrungen weiter und bereichern das Buch mit Ihren Notizen.

Wie sich die Übungen vernetzen – Strategische Überlegungen

Keine der Methoden steht für sich. Sie sollten aufeinander aufbauen, sich gegenseitig unterstützen und können erst in der Summe ihren transferfördernden Beitrag leisten. In der folgenden Tabelle finden Sie die Übungen nach ihrem Ineinandergreifen aufgelistet. Wie sie zu lesen ist, sollen Ihnen die Pfeile mit den Zahlen erleichtern.

Alles beginnt mit der *Auftragsklärung* ①. Sie ist ein unbedingtes Muss und wird meiner Erfahrung nach häufig nicht intensiv genug durchgeführt. Dort endet auch eine Maßnahme, indem die Absprachen noch einmal überprüft werden. Um den Schlüsselfaktor »Personalentwicklung« ins Leben zu bringen, ist das *Transfergespräch* (⇨ S. 42) der Führungskraft mit seinen Mitarbeitern die nächste folgerichtige Aktivität. Mit den darin abgesprochenen Zielen kommen die Teilnehmer in das Seminar ③. Durch die Methoden zur »Einstimmung in den Transfer« werden diese Ziele noch einmal von der Realisierbarkeit her überprüft ④, um anschließend sicherzustellen, dass das Ziel durch eine persönliche Transfermaßnahme erreicht wird ⑤. Mit Methoden, die den Transfergedanken ständig im Seminar bewusst halten, wird diese noch zu erarbeitende Maßnahme bereits angereichert ⑥. Um die Passung zur Person und zum Umfeld herzustellen, können sich Methoden zum persönlichen Tiefen anschließen ⑧. So vorbereitet kann eine konkrete Transfermaßnahme geplant werden ⑦. Diese Maßnahme soll sich innerlich in dem Teilnehmer »setzen« und integrieren ⑨. Bei Bedarf kann ein Austausch mit Seminarteilnehmern außerhalb des Seminars organisiert werden ⑩. Mit einem symbolischen Ausklang ⑪ wird das Seminar abgeschlossen. Methodisch kann die Umsetzung der Maßnahme am Arbeitsplatz weiter unterstützt werden ⑫. Im Zentrum steht für mich dabei das Transfergespräch der Führungskraft mit dem Mitarbeiter ②ₐ. Ein erster Kreis schließt sich. Der zweite Kreis vollendet sich durch den *Auftragsabschluss* (⇨ S. 176) ⑬, dem Reflexionsgespräch Trainer-Auftraggeber über das Seminar.

Einen schnellen Zugriff auf die Inhalte der Methoden ermöglicht Ihnen die Liste aller Übungen mit Kurzbeschreibung. Die Reihenfolge entspricht der Inhaltsübersicht, die sich wiederum an folgender Tabelle orientiert.

Strategie-Tabelle

Zeit / Aktivitätsfeld	Aktivitäten vor dem Seminar	Einstimmen in den Transfer	Transfer während des Seminars ständig bewusst halten
Trainer	Auftragsklärung (⇨ 34) Seminarplanung (⇨ 38) ①		
Kontext der Seminarteilnehmer	Transfergespräch (⇨ 42) Auftragsklärung (⇨ 34) Veränderungsbeobachter (⇨ 185) ②		
Aktivitäten im Seminar, Training, Workshop usw.		Selbstplanung (⇨ 46) Verantwortungsverhandlung (⇨ 49) Erfahrungsaktivierung (⇨ 51) ③ Zukunftsinterview (⇨ 53) Vorwegnahme (⇨ 55) Unzufriedenheitsgenerator (⇨ 58) Beginn-Feedback (⇨ 201) Zukunftsseminar (⇨ 198)	Einwandbehandlung (⇨ 80) Transferkarte (⇨ 84) Praxisposition (⇨ 86) Reise durch den Tag (⇨ 89) Energieaufbau (⇨ 93)
Erarbeitung der persönlichen Transfermaßnahme während des Seminars		Zielskala (⇨ 64) Zielweg (⇨ 68) Entwicklungsbogen (⇨ 72) Transferbuch (⇨ 74) Transfergruppen (⇨ 77)	

Konkrete Ziele der Teilnehmer

Ziele überprüfen ④

Anreichern ⑥

⑤ Zur persönlichen Transfermaßnahme hinführen ⑦

Transfer persönlich und vom Umfeld her vertiefen	Transfer ankern und persönlich integrieren	Austausch über den Transfer nach dem Seminar bereits im Seminar planen	Transferorientierter Ausklang des Seminars	Transfer in der Praxis selbst sichern
				Auftragsabschluss (⇨ 176)
Absprachen überprüfen →				Hotline (⇨179)
Konkrete Absprachen der Führungskraft mit dem Teilnehmer → ②a				Transfergespräch (⇨ 42) Praxisbegleitung (⇨ 181) Veränderungsbeobachter (⇨ 185) Austauschgenerator (⇨ 188) Netzwerk (⇨ 190) Netzbriefe (⇨ 193) Tamagotchi (⇨ 206)
Inneres Team (⇨ 97) Anliegenarbeit (⇨ 101) Glaubenssätze (⇨ 104) Kontextklärung (⇨ 110) Wirklichkeitserkundung (⇨ 113)	Mensch mach was draus (⇨ 137) Integration (⇨ 140) Anker (⇨ 145) Wanderung (⇨ 150) Speaker's Corner (⇨ 153) Das Spalier (⇨ 156) Persönliches Erfolgskonto (⇨ 160) Hochgenuss (⇨ 163) Transfer-Rituale (⇨ 166)	Veränderungsbeobachter (⇨ 185) Austauschgenerator (⇨ 188) Netzwerk (⇨ 190) Netzbriefe (⇨ 193)	Nagel-Methapher (⇨ 171) Schatzkiste (⇨ 173) Transfer-Rituale (⇨ 166) Hochgenuss (⇨ 163) Transferwald (⇨ 203)	
Tiefen ⑧	Integrieren ⑨	Austausch sichern ⑩	Symbolischer Ausklang ⑪	Umsetzung sicherstellen
Das persönliche Projekt (⇨ 118) Optimierung (⇨ 121) Kollegiale Beratung (⇨ 123) Pareto (⇨ 126) Rezeptverschreibung (⇨ 129) Verhinderungsvertrag (⇨ 133)				
Die persönliche Transfermaßnahme integrieren →				

(Pfeilbeschriftungen rechts: ⑫, ⑬)

Wie geht es weiter? – Ein Netzwerk

Noch ist das Konzept für ein solches Netzwerk nicht ausgereift. Kann ein Expertenforum von Transferbegeisterten und -erfahrenen entstehen? Können regelmäßige Transfertage oder Erfahrungsaustauschzirkel stattfinden? Wird es ein Netzwerk mit dem Ziel geben, ein weiteres Buch zu veröffentlichen? Oder wird eine virtuelle Kreativplattform entstehen? Einen Workshop zum Thema Transfer führe ich bereits über WUP Will und Partner durch (Kontakte auf der Impressumseite am Beginn des Buches).

Kontakt zum Autor

Da ich nicht genau weiß, was Sie als Trainer, Trainerin, Personalentwickler oder Berater benötigen, möchte ich das noch offen lassen. In diesem Buch finden Sie meine Adresse, gerne können Sie mir Ihre Meinung und Ihr konkretes Interesse an einer Weiterführung des Themas Transfer bekunden. Natürlich können Sie mir auch per E-Mail eine Antwort zukommen lassen: r.besser@t-online.de.

Methoden – Davor

Transfer vorbereiten

❖ Auftragsklärung
❖ Seminarplanung
❖ Transfergespräch

Auftragsklärung

Kurzbeschreibung	**Checkliste der wesentlichen Fragen in der Auftragsklärung.**
Ziel	Klarheit über alle relevanten Faktoren und die Verantwortlichkeiten für den Transfer herstellen.
Gruppengröße	Zweiergespräch.
Dauer	60 Minuten.
Material	Frageliste.
Metapher	Ouvertüre.
Ablauf	Eine gut vorbereitete und durchgeführte Auftragsklärung macht schon ein Drittel des Seminarerfolges aus. Nicht immer sichert das, was Ihnen als Trainer vorschwebt, auch wirklich den Erfolg. Wichtig ist vielmehr das, was das System benötigt, für das Sie arbeiten. Und das ist manchmal im wahrsten Sinne des Wortes ver-rückt. Wozu dient das Seminar wirklich? Was sind eventuelle heimliche Ziele, die von Ihnen abverlangt werden? Wie wichtig ist dem Auftraggeber eine Umsetzung? Wie viel ist er bereit zu investieren? Das ist nicht nur finanziell gemeint, sondern beinhaltet auch die Bereitschaft, die Umsetzung der Seminarinhalte nach dem Seminar weiterhin zu unterstützen.

Bevor Sie die Auftragsklärung durchführen, müssen Sie sich erst einmal vergewissern, ob Sie den richtigen, das heißt für die Umsetzung zuständigen Gesprächspartner haben. Das sind für mich nicht die Mitarbeiter einer Personalabteilung, sondern die Führungskraft mit Personalverantwortung in Bezug auf die Seminarteilnehmer. Und wenn Sie in der Auftragsklärung wirklich ganzheitlich vorgehen wollen, benötigen Sie zudem Kontakt zu einigen Seminarteilnehmern. Die Sichtweisen unterscheiden sich oft erheblich.

In der Auftragsklärung geht es noch nicht um ein konkretes Seminardesign, sondern um die Grundlagen, auf denen das Seminardesign zu erstellen sein wird. Wie Sie an die Konzeption eines Trainings herangehen können, habe ich in der Übung *Seminarplanung* (➜ S. 38) zusammengestellt. Die folgende Fragensammlung soll Ihnen die Durchführung der Auftragsklärung erleichtern. Wählen Sie die Fragen aus, die für Sie relevant sind. Sie sind so formuliert, als würden Sie direkt mit der zuständigen Führungskraft sprechen.

Den Kontext klären

❖ Wie ist es dazu gekommen, dass wir jetzt hier zusammensitzen und über ein mögliches Seminar sprechen? Welche Vorgeschichte gibt es?

❖ Was ist bisher schon in Zusammenhang mit dem Seminarthema unternommen worden? Was davon haben Sie bereits unternommen?

❖ Was muss ich über den Kontext der Mitarbeiter in Ihrem Unternehmen wissen, um ein erfolgreiches Seminar durchführen zu können?

❖ Welche Ziele aus Ihrem Verantwortungsbereich sind für das Seminar relevant?

❖ Was muss ich über die Mitarbeiter noch wissen (Vorkenntnisse, Motivation, Erfahrungen usw.), damit der Transfer möglichst nachhaltig ist?

❖ Wer muss zusätzlich in die Absprachen integriert werden, damit ein Transfer wirklich sichergestellt werden kann?

❖ Welche positiven und negativen Erfahrungen haben Sie und Ihre Mitarbeiter bisher mit Seminaren gemacht?

❖ Worauf muss ich bei dem Training besonders achten?

Das Ziel klären

❖ Stellen Sie sich vor, dass das Seminar genau nach Ihren Vorstellungen abläuft. Was würde sich dann in Ihrem Verantwortungsbereich verändern?

❖ Woran würden Sie das konkret bemerken?

❖ Woran würden das Ihre Kunden bemerken?

❖ Welche Probleme möchten Sie durch das Training lösen?

❖ Was kann Ihrer Ansicht nach realisticherweise erreicht werden?

❖ Wie würden Ihre Mitarbeiter diese Fragen beantworten?

❖ Wie lautet das konkrete Ziel für das Seminar?

❖ Welche langfristigen Ziele gibt es, die über das Seminar hinausgehen?

❖ Woran erkennen Sie, dass das konkrete Ziel des Seminars erreicht wurde?

Fragen zum Transfer

❖ Welche Rolle schreiben Sie mir als Trainer zu?

❖ Was erwarten Sie konkret von mir im Seminar?

❖ Wofür bin ich Ihrer Meinung nach verantwortlich?

❖ Was unternehmen Sie, um den Transfer vor und nach dem Seminar sicherzustellen? (Für die Teilnehmer selbst und in Bezug auf das Umfeld der Teilnehmer, für die anderen Kollegen usw. Eventuell eigene Vorschläge unterbreiten, zum Beispiel die Übung *Transfergespräch*, ⇨ S. 42)

❖ Wofür sind Sie dann verantwortlich?

❖ Wie macht sich gelungener Transfer bemerkbar?

❖ Wie müsste eine Evaluation Ihrer Ansicht nach aussehen? (Fragebogen, Interviews, Mitarbeitergespräche usw.)

❖ Welche von den Transfermaßnahmen stellt Ihrer Ansicht nach eine wirkungsvolle Veränderung am ehesten sicher? (Schlagen Sie dazu mindestens drei Maßnahmen vor)

❖ Mit welchen Problemen, Widerständen oder Hindernissen ist bei der Umsetzung der Maßnahme zu rechnen?

❖ Welcher mögliche indirekte Nutzen verbirgt sich hinter diesen Widerständen für Ihre Mitarbeiter, für Sie selbst oder für Ihr Unternehmen? Und wie können diese angemessen berücksichtigt werden?

Ergänzende Sichtweisen einbringen

❖ Was spricht (eventuell) dafür, keine Maßnahme durchzuführen und alles beim Alten zu belassen?

❖ Welche Risiken gehen Sie bzw. Ihre Mitarbeiter bei einem Erfolg des Seminars ein? Wie kann diesen Risiken begegnet werden?

❖ Was müssten Sie oder Ihre Mitarbeiter unternehmen, damit sich trotz des Seminars nichts verändert?

❖ Was muss ich tun, um als Trainer den größtmöglichen Misserfolg herbeizuführen?

Vereinbarungen treffen

❖ Was sollten wir auf Grund des stattgefundenen Gespräches jetzt konkret (schriftlich) vereinbaren?

❖ Wann und wie stimmen wir den ersten Entwurf für das Seminardesign ab?

❖ Wann führen wir ein Abschlussgespräch durch, (vgl. *Auftragsabschluss* ⇨ S. 176; telefonisch, im persönlichen Gespräch), um die getroffenen Vereinbarungen zu überprüfen?

Seminardesign durchsprechen

Nachdem Sie Ihr Seminarkonzept erarbeitet haben (*Seminarplanung* ⇨ S. 38), geht es um den abschließenden Abgleich mit dem Auftraggeber. Überprüfen Sie mit ihm gemeinsam, ob das vereinbarte Ziel erreicht werden kann und alle erforderlichen Kriterien erfasst wurden. Lassen Sie Ihren Auftraggeber in die Rolle der Mitarbeiter und der Kunden schlüpfen, um dies aus verschiedenen Perspektiven überprüfen zu können. Formulieren Sie ganz bewusst mögliche Einwände der drei Rollen (Auftraggeber, Mitarbeiter, Kunden), um Ihr Konzept zu optimieren (vgl. *Einwandbehandlung* ➪ S. 80).

Varianten

❖ Manche Trainer machen *ihr Honorar vom Erfolg der Maßnahme abhängig*. Neben den nachweisbaren und für beide Seiten transparenten Erfolgskriterien benötigen Sie verbindliche Absprachen darüber, was der Auftraggeber bereit ist, für den Transfer zu tun. Verhandeln Sie das in aller Genauigkeit.

❖ Führen Sie die Auftragsklärung in einem *Klärungsworkshop* zusammen mit den relevanten Personen durch (Auftraggeber, Personalabteilung, einige Mitarbeiter). In diesem Fall können Sie die Teilnehmer durch eine Positionierung im Raum in die verschiedenen Rollen (Mitarbeiter, Führungskraft, Kunden) hineinführen.

❖ In offenen Seminaren werden Sie keine Möglichkeit haben, ein Transfergespräch sicherzustellen. Sie können den *Teilnehmern vor dem Seminar eine Auswahl der Fragen zusenden* und sie darum bitten, sie zu bearbeiten und mit ihrer zuständigen Führungskraft durchzusprechen. Sie können den Vorgesetzten auf dem Fragebogen gegenzeichnen lassen und so das Transfergespräch indirekt anstoßen. Lassen Sie sich den ausgefüllten Bogen für Ihre Vorbereitung bis zu einem bestimmten Termin wieder zusenden.

Schwierigkeiten

Die größte Schwierigkeit wird darin liegen, Führungskräfte zu finden, die sich für den Transfer zuständig fühlen und sich aktiv einbringen. Letztendlich können Sie nur das tun, was das System, für das Sie arbeiten, bereit ist zu tun. Spielen Sie mit den Möglichkeiten.

Anmerkungen

Fertigen Sie ein Protokoll mit den wesentlichen Absprachen an und senden Sie es Ihrem Gesprächspartner zu. Nutzen Sie jede Unterredung als Kreativitätsübung für sich selbst. Oft kommen die besten Ideen im Gespräch. Halten Sie sich daher stets einen Zettel bereit, auf dem Sie Ihre spontanen Ideen notieren können.

Praktische Erfahrungen

Es lohnt sich, in die Auftragsklärung Zeit zu investieren. Oft ist das Ziel, das im Erstkontakt ausgesprochen wurde, eher eine Zielannäherung. Durch die Fragen wird dem Auftraggeber oft erst klar, worum es ihm eigentlich geht. Häufig unterscheiden sich die Sichtweisen von Führungskräften und Mitarbeitern erheblich. Sprechen Sie also nach Möglichkeit mit beiden Zielgruppen.

Seminarplanung

Kurzbeschreibung	**Das Seminarkonzept wird konsequent aus einer transferorientierten Sichtweise heraus erstellt.**
Ziel	Kreativität wecken, mögliche Einwände vorwegnehmen, ganzheitliches Denken fördern, Ideen generieren.
Gruppengröße	Einzelarbeit.
Dauer	Individuell nach der persönlichen Arbeitsweise.
Material	Runde Metaplankarten.
Metapher	Leonardo da Vinci, der sich seine Bilder immer aus verschiedenen Blickwinkeln und durch den Spiegel seitenverkehrt angeschaut hat, um neue (kritische) Ideen zu bekommen.
Ablauf	**Auftrag klären**

Auftrag klären

Die Seminarplanung beginnt mit der *Auftragsklärung* (⇨ S. 34). Handelt es sich um geschlossene, also firmeninterne Seminare, so haben Sie den Auftraggeber als Person direkt vor sich. Ist dies aber nicht der Fall, dann können Sie sich behelfen, indem Sie sich in Gedanken diesen Gesprächspartner erschaffen.

Führen Sie ein Rollenspiel durch, in dem Sie bei der Beantwortung folgender Fragen in seine Position überwechseln. Nehmen Sie dazu einen besonderen Platz ein.

Stellen Sie dem virtuellen Auftraggeber folgende Fragen:

❖ Zu welchem Zweck soll das Seminar durchgeführt werden?
❖ Wozu benötigen die Teilnehmer das Seminar?
❖ Welche Veränderungen soll das Seminar bewirken?

❖ An welchen Kriterien kann der Erfolg nach dem Seminar gemessen werden?
❖ Wie lautet das Seminarziel?
❖ Welches Ziel verbirgt sich hinter diesem Ziel als Metaziel?
❖ Aus welchem Arbeitsumfeld kommen die Teilnehmer?
❖ Welche relevanten Voraussetzungen und Kenntnisse bringen die Teilnehmer mit?
❖ Was ist bereits unternommen worden beziehungsweise wird unternommen, um nach dem Seminar Transfer sicherzustellen?
❖ Mit welchen Überraschungen muss gerechnet werden, die einen Transfer eher verhindern?
❖ Was muss im Seminar geschehen, um Transfer sicherzustellen?
❖ Was muss im Seminar geschehen, um Transfer zu verhindern, bzw. das Seminar zu einem Misserfolg zu führen? (Diese umgekehrte Fragestellung kann neue wichtige Aspekte an das Tageslicht bringen.)

Verschiedene Sichtweisen einnehmen
Auf diese Weise vorbereitet, können Sie die eigentliche Konzeptentwicklung angehen. Visualisieren Sie sich das Ziel mit den Kriterien, damit Sie mit diesen wichtigen Rahmenbedingungen ständig in Kontakt sind. Schaffen Sie sich dann auf dem Boden Positionen, die die verschiedenen relevanten Sichtweisen darstellen. Mit runden Metaplankarten können Sie sie markieren. Folgende Positionen haben sich bewährt:

❖ Teilnehmer,
❖ Auftraggeber,
❖ Trainer,
❖ Seminarziel,
❖ Transfer,
❖ und alles kann ganz anders sein. (Aus dieser Position heraus kann alles einmal komplett infrage gestellt werden, um eventuell ganz andere, überraschende Ansätze umzusetzen.)

Sie können nach Belieben weitere Positionen hinzufügen. Achten Sie jedoch darauf, dass sie wirklich neue Perspektiven bringen. Genauso ist es möglich, Positionen wegzulassen. Es kann zum Beispiel sein, dass sich die Position des Auftraggebers mit dem Seminarziel sehr stark deckt und eine getrennte Betrachtung nur von geringem Nutzen ist.

Nehmen Sie also die verschiedenen Positionen ein. Stimmen Sie sich jeweils kurz darauf ein und lassen Sie dann Ihren Gedanken freien Lauf. Sprechen Sie laut über das Seminar und halten Sie wichtige Beiträge in Stichworten auf Karten fest. Was erfahren Sie von den verschiedenen Positionen über das Seminar, was muss aus Sicht der Positionen in dem Seminar konkret geschehen, welche Ideen haben Sie und welche Einwände tauchen auf?

Konzept entwickeln

So eingestimmt können Sie an die Detailarbeit gehen. Ich nehme dabei immer die Position der Teilnehmer ein und versuche, die innere Einstellung, Atmosphäre, Gefühle und Bedürfnisse der Teilnehmer zu erfassen. Zu jeder Phase, jedem Thema stellen sich folgende Fragen:

❖ Wie lassen sich die Teilnehmer für das Thema öffnen?
❖ Wie kann ich bei ihnen einen Zustand der Neugierde erzeugen?
❖ Welchen konkreten Nutzen haben die Teilnehmer von meinen geplanten Übungen und Interventionen?
❖ Wie können sie aktiviert werden und wie können ihre praktischen Erfahrungen einfließen?
❖ Wie können das neue Wissen und die neuen Erfahrungen praxisgerecht integriert werden?

Die zweite Richtschnur ist meine eigene innere Welt. Was brauche ich als Trainer? Was tut mir gut und wie kann ich mich wohl fühlen, um in gutem Kontakt mit meinen Fähigkeiten zu sein?

Dann geht es endlich an die Feinarbeit. Folgende Rubriken haben sich bei der Konzepterstellung in meiner Praxis bewährt:

❖ Zeit,
❖ Inhalt/Thema,
❖ Ziel,
❖ Aktivität/Methode,
❖ Transfer,
❖ Material.

Konzept überprüfen

Nach jedem wichtigen Abschnitt sollten Sie wieder die verschiedenen Positionen einnehmen und sich überraschen lassen, wie Sie Ihre bisher geleistete Arbeit kommentieren werden. Achten Sie vor allem auf Einwände, die in Ihnen entstehen. Sie stellen die hilfreichste Optimierungsquelle dar. Schreiben Sie zum Abschluss die wesentlichen Abschnitte des Seminars auf Metaplankarten und breiten Sie diese in zeitlicher Abfolge auf dem Boden aus. Schreiten Sie Ihr Konzept dann Schritt um Schritt aus der Sicht der Teilnehmer ab. Wie werden sie sich innerlich fühlen, was kann sich in ihnen bewegen, wenn sie mit den Themen in der gewählten Reihenfolge und durch die von Ihnen entworfenen Übungen konfrontiert werden?

Varianten

❖ Optimal wäre die Unterstützung eines *Kollegen* bei der Positionsarbeit.
❖ Entwickeln Sie für Ihre Konzepte eine eigene *Dokumentvorlage*. Dieser freiwillig vorgegebene Rahmen wird Sie angenehm »erziehen«.

Schwierigkeiten

Es kann sein, dass der vorgeschlagene Weg nicht Ihrer Strategie entspricht. Finden Sie Ihren Stil oder verfeinern Sie ihn mit eigenen Anregungen. Nehmen Sie aber unbedingt am Ende der Konzepterstellung einige wesentliche Positionen ein, um Ihre Arbeit auf diese Weise kritisch zu hinterfragen.

Anmerkungen

Auf den ersten Blick erscheint die körperliche Positionierung und das Abschreiten aufwändig zu sein. Haben Sie sie einmal durchgeführt, werden Sie von der Wirkung angenehm überrascht sein.

Praktische Erfahrungen

Der Aufwand lohnt sich, wenn ich Seminarkonzepte erstelle und keine Workshops oder Prozessbegleitungen durchführe. Allerdings dosiere ich die Komplexität je nach Aufgabenstellung.

Die Positionsarbeit beugt nicht nur eventuellen Problemen im Seminar vor, sondern ist auch eine ausgezeichnete Reflexionsmethode während des Trainings. Durch das Einnehmen der verschiedenen Blickwinkel ist mir sehr häufig klar geworden, welchen nächsten Schritt ich bei schwierigen Seminarsituationen gehen kann.

Transfergespräch

Kurzbeschreibung	**Bevor das Seminar stattfindet, führt die zuständige Führungskraft mit den Seminarteilnehmern ein verpflichtendes Transfergespräch durch.**
Ziel	Zielgerichtete Personalförderung und -entwicklung. Die Integration der Seminarerfahrungen in die Praxis von vornherein sicherstellen. Verbindliche Ausrichtung auf den Transfer schon vor dem Seminar.
Gruppengröße	Einzelgespräch.
Dauer	Etwa 60 Minuten.
Material	Blätter mit vorbereiteten Fragen.
Metapher	Die Zutaten für ein leckeres Gericht einkaufen.
Ablauf	Der Vorgesetzte führt mit jedem Mitarbeiter, der eine Weiterbildungsmaßnahme besucht, vor und nach dem Seminar ein Transfergespräch durch.

Sie können diesen Gesprächsleitfaden in der *Auftragsklärung* (⇨ S. 34) als Bestandteil Ihres Auftrages (verbindlich) absprechen. Gestalten Sie aus den Fragen einen Leitfaden, den Sie der Führungskraft als Anregung aushändigen. Die folgenden Fragen sind aus Sicht der Führungskraft formuliert.

Leitfaden für das Gespräch vor dem Seminar
Zum Arbeitsplatz
❖ Welche Aufgaben sind an Ihrem Arbeitsplatz zu bewältigen?
❖ Welche Fähigkeiten sind dafür erforderlich?
❖ Welche Fähigkeiten und Stärken sind bei Ihnen bereits ausgeprägt, welche möchten Sie noch weiter entwickeln?
❖ Als Ihr Vorgesetzter habe ich folgende Erwartungen an Sie: …

Zielklärung

❖ Worin besteht Ihre Motivation, das Seminar zu besuchen?
❖ Was soll sich durch den Besuch des Seminars für Sie, für mich und unsere Kunden jeweils verändern?
❖ Welche Ziele verfolgen Sie konkret durch die Seminarteilnahme?
❖ Was haben Sie bisher schon unternommen, um diese Ziele zu erreichen?
❖ Woran werden Sie erkennen, dass Sie das Ziel bzw. die Ziele erreicht haben?
❖ Was werden Sie tun, um die Umsetzung der Erkenntnisse nach dem Seminar sicherzustellen?
❖ Mit welchen Problemen oder Schwierigkeiten rechnen Sie dabei?
❖ Wie können Sie ihnen schon jetzt begegnen?
❖ Welche Unterstützung benötigen Sie von mir?
❖ Welche konkreten Zielvereinbarungen treffen wir jetzt auf Grund unseres Gespräches? (Die Vereinbarung sollte möglichst schriftlich dokumentiert werden.)

Leitfaden für das Gespräch kurz nach dem Seminar

❖ Wie ist das Seminar aus Ihrer Sicht gelaufen (Inhalte, Methode, Trainer, Transferorientierung)?
❖ Was wollen Sie jetzt nach dem Seminar umsetzen? Welche Ziele haben Sie? Stimmen diese mit den im Vorgespräch formulierten überein?
❖ Was benötigen Sie, um Ihre Ziele umzusetzen (von mir, von den Kollegen, welche Ausstattung usw.)?
❖ Was kann zudem für unser Ressort bzw. unsere Abteilung aus dem Seminar nützlich sein?

Leitfaden für das Gespräch nach etwa vier Wochen

❖ Welche Ihrer Ziele bzw. Teile davon konnten Sie umsetzen?
❖ Was hat sich für Sie dadurch verändert?
❖ Was habe ich Ihrer Meinung nach als Führungskraft an Veränderungen wahrgenommen?
❖ Wo gab es Schwierigkeiten bei der Umsetzung? Was waren die Gründe dafür? Gibt es Kritikpunkte, die mich betreffen?
❖ Was muss kurzfristig unternommen werden?
❖ Was muss langfristig unternommen werden, um den Lernerfolg zu sichern?
❖ Inwieweit war die verabredete Maßnahme bzw. das Seminar in der Nachbetrachtung richtig ausgewählt?

❖ Wie zufrieden sind Sie insgesamt mit den Ergebnissen und Ihrer persönlichen Entwicklung zum jetzigen Zeitpunkt?

❖ Als Vorgesetzter habe ich folgende Erwartungen an Sie: …

❖ Wie bewerten Sie die Weiterbildungsmaßnahme insgesamt?

Variante

Ich habe den Gesprächsleitfaden auf den Besuch eines konkreten Seminars bezogen. Optimaler eingebettet ist ein solches Gespräch natürlich in *regelmäßige Mitarbeitergespräche*, in denen die Entwicklung des Mitarbeiters sowie ein gegenseitiges Feedback im Zentrum stehen.

Schwierigkeiten

Die Schwierigkeiten liegen in der Regel bei dem direkten Vorgesetzten. Wie ernst wird die Weiterbildung wirklich genommen? Als Trainer können Sie die Durchführung und das Gelingen des Transfergesprächs natürlich nicht in jedem Fall sicherstellen. Bei der Auftragsklärung haben Sie die Chance, ein solches Gespräch verbindlich zu vereinbaren. Das Transfergespräch macht aber nur dann einen Sinn, wenn es von der Führungskraft wirklich gewollt ist.

Anmerkungen

Durch den Austausch des Fremd- und Selbstbildes stellt das Gespräch nicht nur den Transfer sicher, sondern ist ein wirkungsvolles Werkzeug der Personalentwicklung. Der Nutzen solcher Mitarbeitergespräche kann gar nicht hoch genug eingeschätzt werden. Zudem kann sich durch die konkreten Absprachen und deren Reflexion nach dem Seminar eine neue Gesprächs- und sogar Führungskultur entwicklen.

Praktische Erfahrungen

Das Transfergespräch sollte eigentlich selbstverständlich sein: Die Weiterbildungsmaßnahme ist das Ergebnis einer gezielten Personalförderung. Die Führungskraft sollte, wie der Mitarbeiter selbst, an den Seminarergebnissen und deren Umsetzung interessiert und das Umfeld gut darauf vorbereitet sein. In meiner Praxis habe ich das leider eher selten erlebt.

Methoden – Zu Beginn

Transferorientierte Einstimmung

- ❖ Selbstplanung
- ❖ Verantwortungsverhandlung
- ❖ Erfahrungsaktivierung
- ❖ Zukunftsinterview
- ❖ Vorwegnahme
- ❖ Unzufriedenheitsgenerator

Selbstplanung

Kurzbeschreibung	**Die Teilnehmer planen den Seminarablauf nach bestimmten Vorgaben selbst.**
Metaziel	Die Eigenverantwortung und die Ressourcen der Teilnehmer aktivieren. Indirekte Vorwegnahme von möglichen Einwänden zum Seminarablauf.
Gruppengröße	Das gesamte Plenum oder in Kleingruppen.
Dauer	60 bis 90 Minuten.
Material	Pinnwand, Flipchart, vorbereitete Inhalts-, Zeit- und Methodenkarten.
Metapher	Zeitplaner, Lineal und Bleistift, Einkaufszettel.
Ablauf	Warum sollten die Teilnehmer ihr Seminar nicht selbst planen? Natürlich bekommen sie von Ihnen dazu inhaltliche und strukturelle Vorgaben. So können die Teilnehmer Schwerpunkte setzen, Methoden vorschlagen, aus ihrer Sicht die logische Reihenfolge festlegen und eigene Themen hinzufügen. Dieser Vorschlag wird dann mit Ihnen verhandelt. Im Detail kann das folgendermaßen ablaufen.

Auf Metaplankarten oder DIN-A4-Pappkarton werden die Themen aufgeschrieben, die im Seminar behandelt werden sollen. Auf weiteren Karten werden der Zeitrahmen und die Methode (Diskussion im Plenum, Gruppenarbeit, Lernspiel, Rollenspiel usw.) notiert. Sie können Karten für den Nutzen, das Lernziel oder den Transfer hinzufügen. Die zusammengehörigen Karten sind farblich oder mit Symbolen markiert. Die Themen, die aus Ihrer Sicht »Pflichtbausteine« sind, werden besonders gekennzeichnet. Darüber kann nicht verhandelt werden. Genauso können Zeitvorgaben, bestimmte Reihenfolgen oder Zeitplatzierungen vorgegeben werden. Sehen Sie auch leere Karten für Themenvorschläge der Teilnehmer vor.

Auf einer oder mehreren Pinnwänden ist eine Matrix vorbereitet. Waagerecht werden die Karten mit den Zeitvorgaben, Themen, Methoden, angeheftet, senkrecht die Seminarzeiten visualisiert (Uhrzeiten des Seminarbeginns und -endes des Tages). Für jeden Seminartag ist eine Pinnwand vorgesehen. Legen Sie die Kriterien fest, nach denen das Konzept mit Ihnen verhandelt wird. Das kann beispielsweise den Transfer betreffen oder wie die Kompetenz der Teilnehmer eingebunden werden kann.

Gehen Sie auf jedes Thema ein, sodass sich die Teilnehmer unter den Inhaltspunkten etwas Konkretes vorstellen können.

Die Teilnehmer erhalten dann die Aufgabe, das Seminar zu planen. Es wird eine Delegation bestimmt oder gewählt, die diese Aufgabe übernimmt. Die anderen Teilnehmer beobachten die Delegation und können Ideen und Einwände einbringen. Ein Teilnehmer oder Sie selbst moderieren diesen Prozess. Ihre Vorgaben (Zeitrahmen, Pflichtbausteine, Transferorientierung usw.) müssen in das Konzept eingearbeitet werden. Alle anderen Vorschläge sind variabel und können von den Teilnehmern verändert werden (Zeitvorgaben, Methode, Reihenfolge, wie tief soll das Thema behandelt werden usw.). Geben Sie für die Selbstplanung der Delegation eine realistische Zeitvorgabe.

Sobald das Konzept fertig ist, wird es in dem Plenum vorgestellt und mit Ihnen verhandelt. Die zu Beginn vorgestellten Vorgaben bilden dafür die Grundlage. Eine Methode dafür kann die *Einwandbehandlung* (⇨ S. 80) sein.

Anschließend können Sie Ihr Training durchführen. Bestimmen Sie zudem eine Delegation, die den Ablauf überprüft und eventuell eine Nachverhandlung anstößt.

Varianten

❖ Den Teilnehmern kann auch ein *fertiges Seminarkonzept* vorgelegt werden. Die Aufgabe besteht dann darin, dieses Konzept auf seine Transfertauglichkeit hin zu überprüfen und eventuell zu verändern.

❖ Sie können das *Seminarumfeld* von den Teilnehmern *verändern lassen:* »Wie muss der Seminarraum gestaltet sein, damit der Transfer unterstützt wird?«

❖ Die Selbstplanung kann mit dem *Mosaiktraining* (⇨ S. 210) kombiniert werden. Im ersten Modul wird diese Vorgehensweise angekündigt und erst im zweiten durchgeführt. Dadurch können sich die Teilnehmer schon als Team entwickeln und herausfinden, was sie aus der Erfahrung des ersten Moduls benötigen und ihre unterschiedlichen persönlichen Bedürfnisse besser integrieren.

Schwierigkeiten

Diese Methode geht von der Kompetenz der Teilnehmer aus: Sie müssen wissen, was sie benötigen. Je unbekannter der Stoff für die Teilnehmer ist, desto mehr Input zu den Themen bzw. Vorgaben sollte gegeben werden.

Achten Sie darauf, dass Sie die Teilnehmer nicht verwirren. Für einige kann durch die Selbstplanung ein Rollenkonflikt entstehen. Sie könnten argumentieren, dass sie Ihre Arbeit als Trainer übernehmen und Ihnen vielleicht mangelnde Kompetenz unterstellen. Sprechen Sie die Rollen klar an und stabilisieren Sie die Rollen in der Verhandlungsphase, indem Sie sich wieder als Verantwortlicher für das gesamte Seminar positionieren.

Anmerkungen

Als Trainer sollten Sie Lust an prozesshafter Arbeit haben. Es erfordert eine hohe Flexibilität, um auch mit den Vorschlägen der Teilnehmer das Lernziel des Seminars zu erreichen.

Oft lasse ich die Karten für die Seminarplanung von den Teilnehmern auf dem Boden in der Mitte des Stuhlkreises bearbeiten und verschieben.

Praktische Erfahrungen

Ich musste mich bei dieser Methode oft überraschen lassen. So wurden mir einmal bei einem Seminar meine vorgeschlagenen Übungen fast komplett gestrichen und dafür das Wissen und damit die Kompetenz der Teilnehmer eingebaut. Sie wollten ihre Fälle und Erfahrungen bearbeiten. Für diesen Austausch habe ich dann situativ eine Struktur erarbeitet, um mein Seminarziel zu erreichen. Bei der Präsentation ihrer Erfahrungen habe ich zum Beispiel Hypothesen bilden lassen, welche Glaubenssätze jeder Teilnehmer durch die Art seiner Präsentation haben könnte. Diese Reflexion über die Glaubenssätze hat sich mehr als gelohnt.

Verantwortungsverhandlung

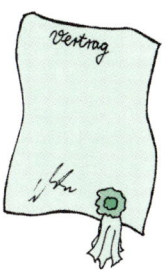

Kurzbeschreibung	**Zu Beginn des Seminars wird mit den Teilnehmern klar ausgehandelt, welcher Anteil der Transferverantwortung beim Trainer liegt und welchen Anteil die Teilnehmer selbst übernehmen.**
Ziel	Klarheit schaffen, Verbindlichkeit herstellen und konkrete, überprüfbare Verantwortung übernehmen.
Gruppengröße	Das gesamte Plenum.
Dauer	45 Minuten.
Material	Eventuell ein Staffelstab.
Metapher	Staffelübergabe, Brille putzen bzw. Brillenputztuch, Arbeitsvertrag.
Ablauf	Stellen Sie den Teilnehmern zu Beginn folgende Aufgabe:

> »In diesem Seminar haben wir verschiedene Rollen. Sie sind die Experten für ihre Praxis, ich dagegen der Experte für das Seminarthema. Ich begleite Sie während der Seminartage, kann aber keinen Einfluss auf die Zeit danach, also für das Gelingen des Transfers, übernehmen. Deshalb ist es gut, wenn wir schon zu Beginn des Seminars darüber verbindlich sprechen, wer hier eigentlich für was verantwortlich ist. Ich möchte, dass Sie sich jetzt Gedanken machen, für was ich und für was Sie Ihrer Ansicht nach verantwortlich sind. Und zwar: verantwortlich dafür, den Transfer für unser gemeinsames Seminar sicherzustellen. Nachdem Sie dafür Vorschläge erarbeitet haben, werden wir aushandeln, was realistisch ist und vereinbart werden kann. Damit diese Vereinbarung keine hohlen Worte bleiben, schlage ich vor, sie jeden Tag zu überprüfen. Dafür übergebe ich Ihnen heute symbolisch mit diesem Staffelstab die Verantwortung. Wenn Sie ihn hochheben, heißt das, dass wir unsere Vereinbarung aus irgendeinem Grund nicht eingehalten haben. Darüber müssen wir dann sprechen.«

Bilden Sie für das Erarbeiten der Vorschläge im Plenum Murmelgruppen. Das heißt: Jeweils drei bis fünf Teilnehmer diskutieren, so wie sie gerade sitzen, miteinander. Lassen Sie sich die Vorschläge zurufen und ordnen Sie sie den zwei Rubriken zu: Verantwortung der Teilnehmer, Verantwortung des Trainers. Ergänzen Sie die Sammlung mit Ihren eigenen Vorschlägen. Danach geht es um die Bewertung: Was ist für die Teilnehmer, was für den Trainer realistisch? Einigen Sie sich auf einige wenige bedeutungsvolle Punkte. Nach dieser Vorauswahl können Sie in die konkrete Verhandlung eintreten. Überprüfen Sie gemeinsam im Plenum folgende Kriterien:

❖ Wie stark fördern die Vereinbarungen den Transfer?
❖ Sind die Vereinbarungen realistisch, sind sie einhaltbar?
❖ Woran kann man konkret erkennen, ob die Vereinbarungen eingelöst werden?
❖ Welche positiven und negativen Konsequenzen bringen die Vereinbarungen mit sich?

Verändern Sie wenn erforderlich die Vereinbarungen. Als Zeichen der Verbindlichkeit unterschreiben alle Teilnehmer und Sie selbst das Flipchart. Der erste Teilnehmer erhält nun den Staffelstab und ist damit für das Überprüfen zuständig. Am zweiten Tag kann er ihn an einen anderen Teilnehmer weitergeben.

Variante

Bilden Sie in dem Plenum *zwei Gruppen*. Die eine erarbeitet aus Sicht der Teilnehmer Vorschläge für deren Verantwortlichkeiten. Die andere Gruppe dagegen sammelt Vorschläge aus Sicht des Trainers, welche Verantwortung er übernehmen soll.

Schwierigkeiten

Sowohl Sie als auch die Teilnehmer werden mit diesen Verantwortungsvereinbarungen überprüfbar. Das müssen Sie wollen.

Anmerkungen

Lassen Sie die Staffelübergabe an jedem Morgen in einem angemessenen rituellen Rahmen erfolgen. Zum Beispiel kann die Übergabe vor dem Plenum mit einigen »feierlichen« Worten zur Verantwortung geschehen.

Praktische Erfahrungen

Seminarvereinbarungen haben oft keine Kraft. Sie werden abgeschlossen und dann wieder vergessen. Mit dem Zusatz der Verantwortung und durch den »Wächter« bekommen sie eine wesentlich stärkere und damit verbindlichere Wirkung.

Erfahrungsaktivierung

Kurzbeschreibung	**Die bisherigen Transferstrategien der Teilnehmer werden aufgedeckt und für das Seminar genutzt.**

Ziel Ressourcen aktivieren, Eigenständigkeit erhöhen, Gefühl der Zuversicht hervorrufen.

Gruppengröße Dreiergruppen.

Dauer 90 Minuten.

Material Kein besonderes.

Metapher Benchmarking.

Ablauf Sie können die Aufgabe mit folgenden Worten vorstellen:

»*Sie haben sicher schon Seminare besucht und einige der dort gewonnenen Erkenntnisse in die Praxis umgesetzt. Haben Sie schon einmal darüber nachgedacht, wie Sie das gemacht haben? Wie sind Sie vorgegangen? Welche persönliche Methode haben Sie für sich entdeckt? Welche Schritte waren Ihnen wichtig? Welche Voraussetzungen benötigen Sie? Was hat Sie motiviert? Ich möchte Ihnen zu Beginn des Seminars Zeit lassen, Ihre eigenen Erfolgsstrategien herauszufinden. Dazu bilden Sie bitte Dreiergruppen, in denen Sie sich gegenseitig zu diesem Thema interviewen. Ihre Interviewpartner werden Sie so lange befragen, bis Sie Ihre Erfolgsstrategie verstanden haben und in der Lage sind, diese wiederum anderen zu erklären oder selbst zu übernehmen.*«

Interviews durchführen

Im Seminar werden Dreiergruppen gebildet. Zwei Personen interviewen jeweils das dritte Gruppenmitglied. Sie hören genau zu und machen sich Notizen. Zur Unterstützung können Sie den Gruppen einige Fragen dazu mitgeben. Ziel ist, die Strategie des Befragten zu verstehen und weitervermitteln zu können. Sie überprüfen, ob auch ein unbeteiligter Vierter diese nachvollziehen kann. Die aufgedeckten Strategien werden als genaue Handlungsanweisungen aufgeschrieben. Nachdem die Transferstrategien aller drei Gruppenmitglieder aufgedeckt worden sind, beginnt jeder Teilnehmer zu planen, wie er den Transfer in diesem Seminar für sich sicherstellen wird. Dabei sollen die Anregungen, die jeder durch den Austausch erhalten hat, bewusst in die eigene Planung mit einfließen.

Vorstellen im Plenum

Einige Strategien werden im Plenum vorgestellt und diskutiert.

Strategien in das Seminar integrieren

Mehrmals im Seminar treffen sich die Dreiergruppen wieder. Jeder zieht für sich Bilanz, inwieweit er seine Transferstrategie bisher anwenden konnte. Die Gruppe diskutiert die Ergebnisse und erarbeitet gemeinsam notwendige Veränderungen der Strategien. Am Ende des Seminars werden die persönlichen Strategien mit dem *persönlichen Projekt* (⇨ S. 118) verbunden.

Variante

Die erarbeiteten Strategien werden auf einem *Strategienmarkt* im Plenum vorgestellt. Jeder Teilnehmer kann sich Ideen abschauen und in seine persönliche Strategie integrieren. Der Urheber kann auf dem Markt nach seinen Erfahrungen befragt werden.

Schwierigkeiten

Bei dem Herausarbeiten der Strategien ist genaues Nachfragen unbedingt erforderlich. Sie sollten daher in die Gruppen hineingehen und eventuell nachsteuern. Führen Sie am besten eine Demonstration vor.

Anmerkungen

Sie werden überrascht sein, wie viele Anregungen Sie als Trainer erhalten, Ihr Seminar transferorientierter zu gestalten.

Praktische Erfahrungen

Manchmal scheinen die erarbeiteten Strategien sehr einfach und vielleicht oberflächlich zu sein. Meine Erfahrung zeigt, dass die einfachen Strategien oft die stimmigsten sind. Ihr Erfolg hängt von der konsequenten Umsetzung ab. Darin liegt meist die Schwierigkeit.

Zukunftsinterview

Kurzbeschreibung	**Die Teilnehmer versetzen sich in eine Zeit einige Wochen oder Monate nach dem Seminarende und interviewen sich gegenseitig zum Transfer des Trainings.**

Ziel

Den inneren Zustand nach dem Transfer herstellen, als wäre das Vorhaben schon geschehen.

Gruppengröße

Im gesamten Plenum.

Dauer

30 Minuten.

Material

Eventuell (symbolische) Mikrofone.

Metapher

Zeitmaschine.

Ablauf

Die Teilnehmer werden in zwei Gruppen – Interviewer und Befragte – aufgeteilt. Das Interview findet in der Zukunft, einige Wochen oder Monate nach dem Seminar, statt.

Die Teilnehmer gehen ohne große Vorbereitung spontan im Plenum alle aufeinander zu, bilden Paare und beginnen mit den Interviews. Mögliche Fragen sind:

❖ Wenn Sie von heute aus auf das Seminar zurückschauen; was ist alles in der Zwischenzeit geschehen?
❖ Was konnten Sie von den Inhalten umsetzen?
❖ Wie hat sich dadurch Ihre Arbeitssituation verändert?
❖ Welche Erfolge haben Sie verzeichnen können?
❖ Welche Probleme haben sich aufgetan? Wie haben Sie sie gelöst?
❖ Welche Lösungsansätze haben Sie dabei entdeckt, die nicht im Seminar besprochen wurden?
❖ Wie haben sich Ihre Gefühle und Ihr Denken über die Arbeit verändert?

❖ Wie reagierten Ihre Kollegen auf die Veränderungen? Und wie Ihr Vorgesetzter?

❖ Welche Bilanz ziehen Sie aus heutiger Sicht im Hinblick auf das Seminar?

❖ Was würden Sie aus Ihren Erfahrungen heraus heute bei der Umsetzung der Seminarinhalte in die Praxis anders machen?

❖ Welchen Rat würden Sie den anderen Seminarteilnehmern geben?

Nach zehn Minuten werden die Rollen getauscht und die (symbolischen) Mikrofone übergeben. Nach den Interviews findet im Plenum ein Erfahrungsaustausch statt.

Varianten

❖ Es findet kein Tausch der Rollen statt. Stattdessen finden sich die Interviewer und Befragten in Gruppen zusammen und *tauschen ihre Erfahrungen aus*. Die wesentlichen Ergebnisse werden im Plenum vorgestellt und diskutiert.

❖ Es finden nur einige wenige *Interviews nacheinander* im Plenum statt. Anschließend werden Kleingruppen gebildet, die wesentliche Erkenntnisse aus den Interviews ableiten und wieder im Plenum präsentieren.

Schwierigkeiten

Die Teilnehmer fallen ab und zu in die Gegenwartssprache zurück. Bleiben Sie während der Interviews in Kontakt mit den Teilnehmern. Bieten Sie hin und wieder Sprachvorschläge an: »*Was hat Ihnen das Seminar vor einem Monat aus heutiger Sicht gebracht? Wie war das damals? Sie hatten sich viel vorgenommen. Und was ist daraus geworden?*«

Möglicherweise nutzen manche Teilnehmer diese Übung für eine humorvolle Einlage. Machen Sie daher deutlich, was Ihnen bei dieser Übung wichtig ist, welchen Zweck Sie damit verfolgen.

Anmerkungen

Ein Flipchartbogen kann als ein Kalenderblatt mit dem entsprechenden Zukunftsdatum gestaltet werden. Um einen guten Einstieg zu ermöglichen, können Sie als Trainer ein Interview im Plenum vorführen anstatt die Übung wortreich zu erklären.

Praktische Erfahrungen

Das laute Stimmengewirr durch die verschiedenen Interviews unterstützt aus meiner Erfahrung die Bereitschaft in die Rollen hineinzuschlüpfen. Ein Schutzraum entsteht, in dem Persönliches leichter ausgesprochen werden kann.

Vorwegnahme

Kurzbeschreibung	**Der Lern-/Transfererfolg wird in einer Fantasiereise vorweggenommen.**
Ziel	Die Motivation für den möglichen Transfer erhöhen. Die inneren Ressourcen aktivieren. Auf das Seminarthema einstimmen. Ein Zukunftsbild entwickeln.
Gruppengröße	Das gesamte Plenum.
Dauer	20 Minuten.
Material	CD-Player, Entspannungsmusik.
Metapher	Reiseführer, Reiseberichte aus Zeitschriften.
Ablauf	Die Teilnehmer werden bereits zu Beginn des Seminars durch eine geleitete Fantasiereise in einen möglichen inneren Zielzustand am Seminarende versetzt nach dem Motto: »Wenn heute schon das Seminarende ist, welche Erfolge werden Sie verzeichnet haben?«

Die Teilnehmer setzen sich bequem auf ihre Stühle, die Beine sollten nach Möglichkeit nicht übereinandergeschlagen werden und die Arme auf den Schenkeln ruhen. So kann das Blut besser fließen und der Körper hat eine offene Haltung, die auch auf das Unbewusste wirkt.

Zur Unterstützung kann entspannende Musik im Hintergrund spielen. Sie sollte gerade noch hörbar sein und aus der gleichen Richtung wie Ihre Stimme kommen. Sie können die Fantasiereise mit folgenden Worten durchführen:

»Mach es dir auf deinem Sitz bequem. Und während du merkst, wie du deine Haltung vielleicht noch verändern möchtest, kommst du mehr und mehr zu dir selbst. Nimm deinen Atem wahr, wie er ein- und ausströmt, wie vielleicht mit jedem Ausatmen deine Gedanken weniger werden und mit jedem Einatmen sich deine innere Ruhe ausbreitet. Genieße dieses Ein und Aus, diese Ruhe auf deine Art.

Welche Gedanken haben dich bewegt, als du hierher zu diesem Seminar gekommen bist? Was sind deine Wünsche, deine Ziele für diese Tage? Was möchtest du erreichen? Wie möchtest du dich in diesem Seminar verhalten, damit es für dich erfolgreich wird? Wie möchtest du dich hier fühlen? Und stell dir vor, wie das Seminar für dich abläuft, damit das geschieht, was du benötigst? Stell dir einfach vor, was hier passiert, damit du dein Ziel, deine Wünsche erreichst.

Wie wirst du dich dann am Seminarende fühlen? Was wird für dich anders sein? Was wirst du für dich erreicht und welche neuen Erfahrungen gemacht haben?

Wenn du diese Erfahrungen in deinen beruflichen Alltag mitnimmst, was wird dort geschehen? Was wird oder kann sich dann verändern? Wie wirst du dich in deiner Arbeit fühlen? Wirst du dich anders verhalten? Und was denkst du dann über deine Arbeit? Welche Früchte kannst du ernten? Was wird dir gelingen?

Versuche dir diese neue Situation vorzustellen, dir ein Bild dazu zu machen. Wo, an welchem Ort, in welchem Zimmer arbeitest du? Hat sich dein Umfeld verändert? Mit welchen Kollegen bist du zusammen? Geht ihr jetzt anders miteinander um? Sprecht ihr anders miteinander? Und wie fühlst du dich während deiner Arbeit? Wie nimmst du deinen Körper wahr? Hat sich auch hier etwas verändert?

Und wenn du all dies jetzt erlebst, was denkst du, wird dein größter Nutzen von diesem Seminar sein? Vielleicht entsteht in dir dazu ein Bild, ein Symbol, eine Farbe: Etwas, was du mitnehmen kannst, das dich das ganze Seminar über begleitet, wenn du aus dem Raum deiner Vorstellungen zurückgekehrt bist. Und vielleicht weißt du schon, wie du das, was du eben erlebt hast, hier in diesem Seminar realisieren kannst.

Nun nimm ein paar tiefe Atemzüge, balle deine Hände zur Faust, bringe Bewegung in deine Beine. Öffne deine Augen erst, wenn du wieder ganz hier bist.«

Varianten

❖ Diese Fantasiereise kann auch im Gehen auf einer *Zeitlinie* durchgeführt werden. Die Teilnehmer schreiten dann mit offenen Augen langsam auf jeweils einer durch Metaplankarten markierten Zeitlinie vom Beginn über das Ende des Seminars bis in die Praxis hinein. Die Richtung sollte unbedingt zum Fenster, also zum Licht hin ausgerichtet sein. Passen Sie den Text dann entsprechend an: »*Und beim nächsten Schritt …*«

❖ Nach der Fantasiereise kann das gefundene *Symbol* in das *Transferbuch* (⇨ S. 74) gemalt und die *wesentlichen Erlebnisse notiert* werden, um sie am Seminarende oder in der Praxis überprüfen zu können.

❖ Es bietet sich auch an, nach dieser Fantasiereise *das persönliche Ziel* für das Seminar finden zu lassen. Anregungen für die Zieldefinition finden Sie in den Übungen *Kompetenzaktivierung* (⇨ S. 212) oder *Das persönliche Projekt* (⇨ S. 118).

❖ Die Vorwegnahme lässt sich auch mit dem *Zielweg* (⇨ S. 68) verbinden.

Schwierigkeiten

Achten Sie auf Ihre Stimmführung während der Fantasiereise. Ein einladender und einfühlsamer Ton beim Erzählen ist wichtig, damit sich die Teilnehmer auf die innere Reise gut einlassen.

Anmerkungen

Durch die Fantasiereise können sich die Zielvorstellungen der Teilnehmer verändern. Deshalb sollten Sie eine Zielfindung erst nach dieser Reise durchführen. Die Fantasiereise sollte nicht zu lange dauern, 20 Minuten ist erfahrungsgemäß ein gutes Maß.

Praktische Erfahrungen

Solch eine innere Reise stimmt das ganze Seminar anders ein. Die Atmosphäre entspannt sich und gewinnt gleichzeitig an Intensität. Für mich als Trainer ist sie ebenfalls eine gute Möglichkeit, mich besser auf das Seminar einzustimmen und zu mir selbst zu gelangen.

Unzufriedenheitsgenerator

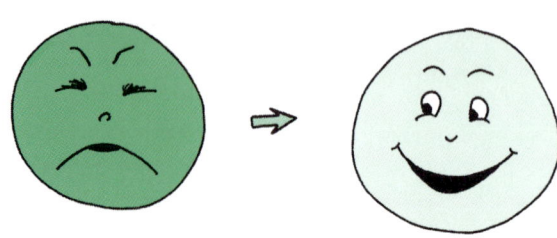

Kurzbeschreibung **Aus den negativen Erfahrungen in der Arbeitswelt werden Schritt für Schritt konkrete Ziele für das Seminar formuliert.**

Ziel Unzufriedenheit als Motivationsquelle nutzen. Unzufriedenheit umdeuten (Reframing). Frustabbau. Verantwortung übernehmen.

Gruppengröße Dreiergruppen.

Dauer 120 Minuten.

Material Flipchart, Metaplankarten.

Metapher Märchen vom »Hässlichen Entlein«, Wutball.

Ablauf **Gruppe einweisen**
Die Teilnehmer erhalten in Dreiergruppen die Aufgabe, alles aufzuschreiben, was ihnen in ihrem Alltag bezogen auf das Seminarthema nicht gefällt. Die unterschiedlichen Unzufriedenheitsfaktoren werden je auf eine Karte geschrieben. Anschließend werden sie in der Gruppe besprochen.

Unzufriedenheitsfaktoren herausarbeiten
Anschließend wählt jeder den Unzufriedenheitsfaktor aus, den er im Seminar gerne bearbeiten möchte. Im ersten Schritt wird hierzu in der Dreiergruppe herausgearbeitet, was genau die Unzufriedenheit auslöst beziehungsweise sie ausmacht. Oft stehen auf den Karten Verallgemeinerungen oder Generalisierungen, die nicht konkret bearbeitbar sind. (Zum Beispiel: »Ich kann mich nicht durchsetzen.« Durch das Nachfragen stellt sich heraus, dass sich die Aussage zum Beispiel auf einen bestimmten Kollegen bezieht.)

Negative Konsequenzen aufdecken

Im zweiten Schritt werden die negativen Konsequenzen gesammelt. Was wird durch die Unzufriedenheit verhindert, welche Gefühle entstehen, wie stark wird die Effektivität der Arbeit eingeschränkt? (Zum Beispiel: »Ich denke ständig daran. Es lässt mich jeden Tag unwohl fühlen und ich konzentriere mich nicht so gut auf meine Arbeit.«)

Die positive Absicht herausfinden

Der dritte Schritt besteht darin, in der Dreiergruppe die positive Absicht bzw. den versteckten Nutzen aufzudecken. (Zum Beispiel: Ruhe haben zu wollen, weil man keine offene Auseinandersetzung möchte oder aber um Aufmerksamkeit zu bekommen, weil man ständig über etwas klagen kann.) Für den betroffenen Teilnehmer ist es oft nicht leicht, diese positive Absicht bzw. den versteckten Nutzen herauszufinden. Die anderen beiden Gruppenmitglieder können Angebote machen, was es ihrer Ansicht nach sein könnte. (Zum Beispiel: »Für sich selbst das Umgehen mit Konflikten zu lernen.«) Der betroffene Teilnehmer überprüft dann, ob das für ihn zutreffen kann.

Das Lernziel erarbeiten

In den Dreiergruppen wird dann ausgehend von der Unzufriedenheit ein Lernziel entwickelt, das im Seminar bearbeitet werden soll. Das Ziel wird anhand der folgenden Kriterien überprüft:

❖ Ist es in diesem Seminar zu erreichen? (Seminarinhalt, Zeitrahmen)
❖ Ist es durch mich selbst erreichbar? (Nicht von anderen abhängig)
❖ Woran erkenne ich, dass ich das Lernziel erreicht habe?
❖ Ist das Lernziel positiv formuliert? (Ohne Verneinungen)
❖ Enthält es keine Vergleiche? (Ist es auf sich selbst bezogen)

Die Zielformulierung könnte beispielsweise wie folgt lauten:

> *»Ich möchte mindestens zwei Möglichkeiten lernen, wie ich mich im Konflikt mit meinem Kollegen verhalten kann und diese im Seminar als Rollenspiel ausprobieren. Ich erkenne die Zielerreichung daran, dass ich zwei Alternativen erarbeitet habe und in den Rollenspielen Rückmeldungen bekommen habe, wie ich gewirkt habe und was ich verbessern kann.«*

Das Lernziel überprüfen

Im Plenum werden die Unzufriedenheitsfaktoren und die entsprechenden Lernziele vorgestellt. Überprüfen Sie, ob die Lernziele im Seminarkontext wirklich zu erreichen sind und ob die Formulierung die Zielkriterien berücksichtigt. Das obige Beispiel könnten Sie als Trainer zum Beispiel so kommentieren:

> »Zwei Rollenspiele sind vom Zeitansatz her nicht realistisch. Eine Praxissimulation kann aber durchgeführt werden. Und ich möchte Ihnen vorschlagen, die Möglichkeiten, die Sie in Ihrem Ziel formuliert haben, etwas zu konkretisieren: Ich denke, dass es dabei um die Erarbeitung von zwei möglichen Strategien geht, mit dem Konflikt umzugehen. Ich schlage daher folgendes Ziel vor: ›Ich erarbeite im Seminar mindestens zwei Strategien, um mit dem Konflikt mit meinem Kollegen konstruktiv umzugehen. Eine Strategie probiere ich im Seminar als Rollenspiel aus. Die Zielerreichung erkenne ich daran, dass ich Rückmeldungen bekommen habe, wie ich gewirkt habe und was ich verbessern kann. Zudem muss ich überprüft haben, ob diese Strategien für mich realistisch sind.‹«

Das Lernziel verfolgen

Im weiteren Verlauf des Seminars wird ständig kontrolliert, inwieweit das Ziel erreicht ist. Als Methoden dafür bieten sich die *Zielskala* (⇨ S. 64) oder der *Zielweg* (⇨ S. 68) an.

Variante

Der Unzufriedenheitsgenerator kann auch während des Seminars nach der Bearbeitung von *bestimmten Themen* angewendet werden. Dann kann die persönliche Unzufriedenheit hinsichtlich des gerade bearbeiteten Seminarthemas ausgearbeitet werden.

Schwierigkeiten

Achten Sie auf einen ausreichenden Kontakt zu Ihren Teilnehmern (Rapport), wenn Sie diese Methode gleich zu Beginn des Seminars einsetzen. Es sollte zumindest die Vereinbarung getroffen werden, dass es erlaubt ist, genau nachzufragen.

Die ersten drei Schritte in den Dreiergruppen setzen eine gewisse Fertigkeit voraus. Um die Teilnehmer darauf vorzubereiten, kann eine Demonstration im Plenum durchgeführt werden.

Anmerkungen

Der Unzufriedenheitsgenerator lebt von der Genauigkeit des Nachfragens. Sind die Aussagen zu allgemein (zum Beispiel im Zeitmanagement-Seminar: *»Ich will mit meiner Zeit besser umgehen lernen«* anstatt *»Ich brauche viel Zeit, weil ich Arbeiten oft mehrmals anfasse, bevor ich sie endgültig erledige. Diese Arbeitsweise möchte ich verändern«*), so bleibt diese Methode ineffektiv.

Setzen Sie diese Übung situativ ein. Stellt sich etwa heraus, dass Ihre Teilnehmer das Seminar eher als lästige Pflicht empfinden, können Sie diese Unzufriedenheit in die Übung übertragen. Dadurch schaffen Sie insgesamt bessere Startvoraussetzungen.

Die Teilnehmer werden diese Übung wahrscheinlich als sehr komplex empfinden. Gestalten Sie daher ein Arbeitsblatt mit den wesentlichen Schritten und Erklärungen dazu. Und gehen Sie unbedingt in die Gruppen hinein, um eventuell nachregeln und unterstützen zu können.

Praktische Erfahrungen

Sich von der Unzufriedenheit her an das persönliche Ziel heranzutasten, motiviert viele Seminarteilnehmer. Da von konkreten Problemen ausgegangen wird, fühlen sie sich verstanden. Die Motivationsstrategie ist dabei: »weg vom Unerwünschten« anstelle von »hin zum Erwünschten«.

Methoden – Währenddessen

Persönliche Transfermaßnahme starten

- ❖ Zielskala
- ❖ Zielweg
- ❖ Entwicklungsbogen
- ❖ Transferbuch
- ❖ Transfergruppen

Transfer ständig bewusst halten

- ❖ Einwandbehandlung
- ❖ Transferkarte
- ❖ Praxisposition
- ❖ Reise durch den Tag
- ❖ Energieaufbau

Transfer persönlich tiefen

- ❖ Inneres Team
- ❖ Anliegenarbeit
- ❖ Glaubenssätze
- ❖ Kontextklärung
- ❖ Wirklichkeitserkundung

Zielskala

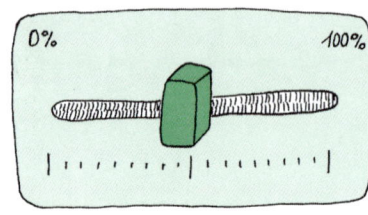

Kurzbeschreibung	**Auf einer Pinnwand wird der Grad der aktuellen Zielerreichung aller Teilnehmer dargestellt.**
Ziel	Das Seminarziel wird für jeden einzelnen Teilnehmer und die gesamte Gruppe ständig in Erinnerung gehalten. Dadurch wird die Eigenverantwortung aktiviert und die Entwicklung des gesamten Seminars allen Beteiligten transparent.
Gruppengröße	Das gesamte Plenum.
Dauer	20 Minuten Einführung, Überprüfung fünf Minuten, Nachregelung je nach Problemlage.
Material	Pinnwand, rechteckige und kleine runde Metaplankarten.
Metapher	Zielkreuz, Dartpfeile, Spielbretter, Spielfiguren, Geschicklichkeitsspiele.
Ablauf	Zu Beginn des Seminars definiert jeder Teilnehmer zwei konkrete Seminarziele: Eines zum fachlichen Thema und eines zur persönlichen Entwicklung. Je nach dem, wie genau Sie das Ziel erarbeiten lassen wollen, können Sie die Zielkriterien (*Das persönliche Projekt* ⇨ S. 118) vorstellen und daran die Ziele überprüfen lassen. Jedes Ziel wird auf einer rechteckigen Metaplankarte gut lesbar aufgeschrieben.

Auf einer Pinnwand ist für jeden Teilnehmer eine Zielskala von 0 bis 100 Prozent vorbereitet. Auf jeder Skala ist bei der Marke 0 Prozent eine in der Mitte durchschnittene kleine runde Metaplankarte angepinnt. Die obere Hälfte symbolisiert die Zielerreichung zum fachlichen Thema, die untere die Zielerreichung zur eigenen persönlichen Entwicklung. Diese beiden Hälften werden mit den eigenen Initialien oder einem persönlichen Symbol markiert.

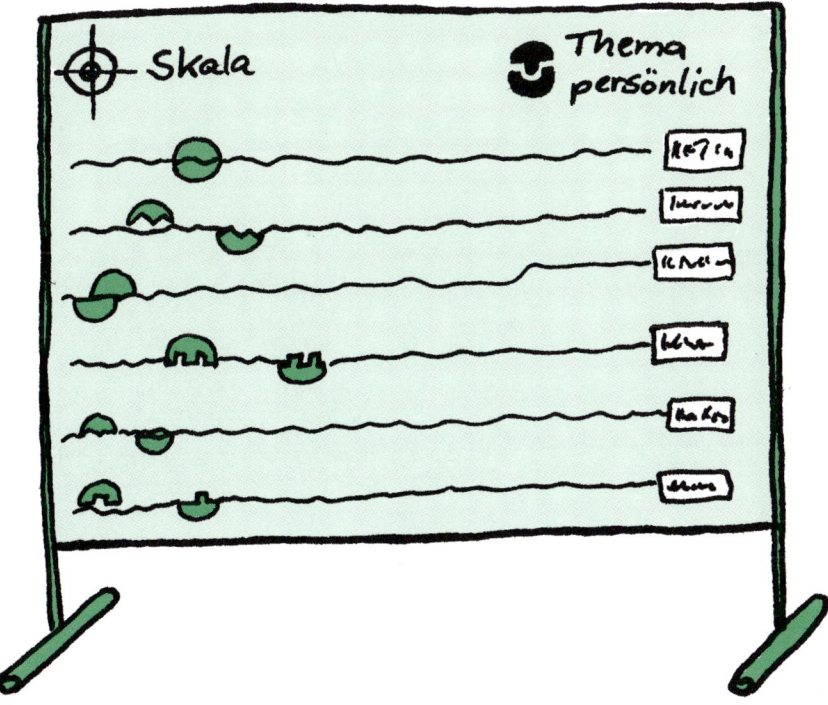

Während des Seminars werden die Teilnehmer regelmäßig aufgefordert, die Position ihrer Karten zu überprüfen. Der beste Zeitpunkt dafür ist der Beginn von Pausen und der Tagesabschluss. Stellen Sie die Pinnwand an die Ausgangstür, sodass jeder an seiner Skala vorbeikommt. In der Regel genügen zwei bis drei Überprüfungen am Tag. Es können aber auch konkrete Krisensituationen dafür zum Anlass genommen werden.

Als Trainer haben Sie so ständig einen Überblick über den inneren Entwicklungsstand Ihrer Teilnehmer und können bei Bedarf den Stand der Zielerreichung des Seminars zum Thema machen. Bei notwendigen Veränderungen bietet sich die *Einwandbehandlung* (⇨ S. 80) an.

Ungefähr zur Halbzeit des Seminars bezieht jeder Teilnehmer zu seinen Karten Stellung. Er oder sie schildert, was bisher zielfördernd bzw. zielverhindernd gewirkt und empfunden wurde oder was gefehlt hat. Dieser Austausch bringt die Teilnehmer auf neue Ideen, wie sie das Seminar für sich persönlich noch besser nutzen können.

Das Schlussfeedback wird am Ende des Seminars anhand der Position der Karten durchgeführt. Es bieten sich neben den gleichen Fragen wie zur Seminarmitte noch weitere Möglichkeiten an: »Was hat die Position mit meiner persönlichen Motivation zu tun?« Oder: »Wie wird sich die Zielskala verändern, wenn vier Wochen Praxis verstrichen sind?«

Varianten

❖ Anstelle des Trainers übernimmt eine – wechselnde – *Seminarteilnehmergruppe* die Aufgabe, die Zielskala zu reflektieren. Das kann regelmäßig, aber auch situativ erfolgen.

❖ Statt Seminarziele können auch *Erwartungen* formuliert werden, die natürlich weniger konkret und veränderlicher sind.

❖ Als Symbol der Unterschiedlichkeit zerschneide ich gerne die runden *Markierungskarten individuell verschieden.* Die Zielskala bekommt dadurch eine noch größere Aussagekraft. Das können natürlich die Seminarteilnehmer auch selbst vornehmen.

❖ Auf der Zielskala lässt sich auch die erwartete *Zielerreichung* jedes Teilnehmers *in Prozent* zusätzlich markieren. Das müssen nicht immer die möglichen 100 Prozent sein.

❖ Die Teilnehmer können auch ihr persönliches *Metaziel*, das über das eigentliche Seminarziel hinausgeht, definieren. Genauso gut kann das Metaziel des Seminars offen gelegt und reflektiert werden.

❖ Neben der Zielskala lässt sich auch eine »Fieberkurve« der *persönlichen Befindlichkeit und Gefühle* skizzieren. Wichtige Erlebnisse, Erfahrungen oder Gefühle können auch an die persönliche Linie geschrieben werden.

❖ Sie können die Teilnehmer bei dem *Abschluss-Feedback* auf die Position in ihrer Zielskala bezug nehmen lassen. Das konkretisiert die Rückmeldungen.

❖ *Zielskala zum Mitnehmen:* Die Metaplankarten können den Teilnehmern am Seminarende mitgegeben werden und so als Anker wirken. Dazu malt sich jeder auf einer langen Metaplankarte eine eigene Zielskala, auf der er am Ende des Seminars seine beiden Markierungskarten in der Endposition aufkleben kann. Zusätzlich können persönliche Erfahrungen, Ideen, Gefühle usw. dazugeschrieben werden.

❖ Um der Zielerreichung eine *symbolische Leichtigkeit* zu geben, können anstelle der Metaplankarten auch Luftballons für die Positionierung verwendet werden.

❖ Auf der Skala lässt sich auch der *Transferbezug* des Seminars selbst *beurteilen*: »Zu wie viel Prozent ist das Seminar transferorientiert?« oder »Wie viel Prozent vom Seminarinhalt kann ich in die Praxis übertragen?«.

Schwierigkeiten

Gelegentlich verändert sich das persönliche Ziel während des Seminars. Solche Veränderungen sind erlaubt und können thematisiert werden.

Anmerkungen

Gehen Sie mit der Zielskala angemessen um. Sie darf nicht zu einem Stressfaktor oder zu einem hohlen Ritual werden. Es kann durchaus geschehen, dass die Positionierungen auf der Zielskala nicht öffentlich reflektiert werden müssen. Auch so tritt der Effekt ein, dass die Teilnehmer für sich ständig ihre Zielerreichung überprüfen.

Auch wenn ich kein konkretes Ziel zur persönlichen Entwicklung definieren lasse, so lasse ich sie trotzdem bewerten. Der Teilnehmer muss sich dadurch laufend Gedanken machen, was er für sich als Person aus dem Seminar mitgenommen hat.

Praktische Erfahrungen

Mit der Zielskala habe ich vor allem bei neuen Seminarkonzepten sehr gute Erfahrungen gemacht. Dadurch kamen wichtige Veränderungsimpulse schnell auf den Tisch. Nach zwei bis drei Seminaren haben sich die Konzepte in der Regel eingependelt.

Zielweg

Kurzbeschreibung	**Für jeden Teilnehmer wird sein persönlicher Zielweg begehbar auf dem Boden ausgelegt und beschritten.**
Ziel	Die innere Auseinandersetzung mit dem persönlichen Ziel wird das ganze Seminar über wachgehalten. Die Teilnehmer können einen Standpunkt beziehen und Erfahrungen körperlich und emotional verankern.
Gruppengröße	Das gesamte Plenum.
Dauer	30 Minuten Einführung, Überprüfung fünf Minuten, Standpunkte beziehen je nach eingesetzter Variante der Übung.
Material	Freie Fläche im Seminarraum (Nebenraum), die bzw. der während des gesamten Seminars für andere Aktivitäten nicht benötigt wird. Metaplankarten, persönliche Symbole.
Metapher	Wanderschuhe, Einkehr in eine Wanderhütte, Aufsuchen eines Aussichtspunktes.

Ablauf   Die Teilnehmer werden vor dem Seminar angeschrieben:

> *»Damit die Zeit im Seminar für Sie effektiv wird und die Inhalte auf Ihre Bedürfnisse zugeschnitten werden können, bitte ich Sie, vor dem Seminar drei konkrete Aufgaben wahrzunehmen:*
>
> ❖ *Schreiben Sie bitte für sich so konkret wie möglich Ihr persönliches Ziel für dieses Seminar auf. Was möchten Sie am Ende des Trainings erreichen? Was ist für Sie wirklich realistisch zu erreichen?*
> ❖ *Bringen Sie bitte ein Symbol bzw. einen Gegenstand Ihrer Wahl mit, das bzw. der für Sie Ihr Ziel verkörpert.*
> ❖ *Packen Sie bitte auch ein Symbol für Ihren jetzigen Ist-Zustand mit ein.*
>
> *Ich hoffe, dass diese Aufgaben Sie angenehm auf das Seminar einstimmen und Ihrem Ziel näher bringen werden.«*

Jeder Teilnehmer notiert zu Beginn des Seminars sein Ziel auf eine Metaplankarte. Auf dem Boden wird anschließend aus Metaplankarten für jeden Teilnehmer ein persönlicher Zielweg ausgelegt. Eventuell können die Teilnehmer sich diese Wege selbst in einem abgesteckten Bereich gestalten. Die Zielmetaplankarte wird am Ende des Weges positioniert und das mitgebrachte Symbol dazugelegt. Das Symbol für den Ist-Zustand wird an den Anfang des Weges gelegt. Die Teilnehmer positionieren sich dann an den Anfang ihres Zielweges und werden gemeinsam durch eine Fantasiereise durch ihren Weg begleitet:

> *»Du stehst an dem Anfang deines Weges. Wie fühlt sich dieser Beginn an? Welche Gedanken und Gefühle haben dich begleitet, als du zu Hause dein Symbol für den Ist-Zustand ausgesucht hast? Welche Bedeutung hat das Symbol für dich? Woran erinnert es dich? Und welche Gefühle haben dich begleitet, als du dir dein Zielsymbol ausgewählt hast? Welche Bedeutung hat dieses Symbol für dich? Wenn du nun auf den vor dir liegenden Weg und dein Zielsymbol schaust, was spürst du in dir, was dich bewegt oder motiviert, dieses Ziel zu erreichen? Was soll sich ändern? In deiner Arbeit, deiner persönlichen Haltung, in deinen Gefühlen? Was kann sich vielleicht neu in dir entwickeln?*

Ich lade dich nun ein, diesen Weg zu deinem Ziel schon einmal zu beschreiten und dich vielleicht bei jedem Schritt überraschen zu lassen, was in dir geschieht, Schritt für Schritt. Welche Fragen, welche Erfahrungen möchtest du hier in dieses Seminar einbringen? Und beim nächsten Schritt: Welche Gefühle werden dich tragen und dir vielleicht Sicherheit und Unterstützung geben, dich deinem persönlichen Ziel näher zu bringen? Und beim nächsten Schritt: Wie wirst du dich hier verhalten, um sicherzugehen, dass du auf deine Art dein Ziel erreichen wirst? Und beim nächsten Schritt: Welche Fähigkeiten besitzt du, die dir helfen werden? Und wie wird es sich anfühlen, wenn du dich Schritt für Schritt deinem Ziel näherst, dein Symbol immer näher zu dir und du zu ihm kommst? Halte inne, wenn du dein Symbol erreicht hast und lass dich von den Gedanken und Gefühlen überraschen, die dich jetzt durchströmen. Was wirst du konkret am Ende des Seminars erreicht haben? Was hat dich bereichert, was wird neu und anders für dich sein. Wie wirst du dich dann fühlen?

Dann gehe einen Schritt über das Ziel hinaus. Dort liegt die Zeit nach dem Seminar. Was wirst du dort erleben, wenn du das Neue mitnimmst, in deinen Alltag. Was verändert sich? In dir, bei deinen Kollegen, in deinem Umfeld? Was ist dir dabei besonders wichtig, bedeutungsvoll?

Nun drehe dich um und blicke zurück auf den Weg, den du gegangen bist. Du kannst ihn jetzt Schritt für Schritt wieder zurückgehen, bis zum Anfang und dabei all das einsammeln und in dir wachhalten, was du für einen guten Start heute in diesem Seminar brauchst. Lass dir Zeit, zurückzukommen, an den Anfang. Und lass dir Zeit, um all dem zu begegnen, was dir hilft, dich unterstützt, dieses Seminar zu beginnen.

Wenn du angekommen bist, kannst du dort noch einen Augenblick verweilen und dieses Erlebnis in dir nachklingen lassen. Wenn es für dich stimmig ist, kannst du dich wieder von deinem Weg lösen und zu deinem Platz zurückkehren. Du weißt nun, was du mitnehmen wirst auf deinen Platz und wann es wieder an der Zeit sein wird, deinen Weg erneut zu betreten.«

Eventuell können die Teilnehmer wichtige Gedanken (Verhalten, Fähigkeiten, Gefühle usw.), die ihnen auf dem Weg begegnet sind, aufschreiben und dort auf den Weg legen, wo sie entstanden sind. Während des Seminars sollen sich die Teilnehmer immer wieder auf ihren Weg stellen und ihre Position überprüfen. Sie können zurückblicken, was ihnen geholfen hat, bis dorthin zu gelangen und was sie unterstützen wird, weiter auf das Ziel zuzugehen. Diese

Zwischenpositionen können mit runden Metaplankarten markiert werden. Am Ende des Seminars wird der zurückgelegte Weg noch einmal abgeschritten. Das kann schweigend geschehen oder von einer weiteren Fantasiereise begleitet werden. In der Abschlussrunde kann jeder Teilnehmer sein Feedback von seiner Position auf dem Zielweg aus geben.

Varianten

❖ Wenn genügend Platz vorhanden ist, können die Teilnehmer sich ihren *Weg selbst auslegen* und mit der Art der Linienführung (gerade, schräg, mit Rundungen oder Umwegen) ihn für sich selbst charaktervoller gestalten.

❖ Wenn die Teilnehmer sich auf ihrer Linie positioniert haben, können sie auch auf dem Zielweg miteinander in Kontakt treten und sich über ihre *Erfahrungen austauschen.*

❖ Es ist auch möglich, dass die Teilnehmer eine *Metaposition* einnehmen. Sie können sich zu zweit darüber unterhalten oder für sich selbst überlegen, wie sie bisher ihren Weg beschritten haben und was sie dazu von Außen wahrnehmen.

❖ Das *Zielsymbol* kann mit an den Sitzplatz genommen werden, um diese Symbolik noch intensiver zu nutzen.

❖ Es kann auch ein *Symbol zum Thema* mitgebracht werden und auf dem Zielweg die jeweilige Position markieren.

❖ Wenn Sie Platzprobleme haben, dann empfehle ich Ihnen für jeden Teilnehmer *einen Faden zur Markierung des Weges* zu verwenden. Der kann aufgerollt und bei Bedarf wieder schnell ausgelegt werden.

❖ Auf dem Zielweg können in dem Seminar auch *Teilziele definiert* oder wichtige *Veränderungspunkte markiert* werden.

❖ Versuchen Sie schon bei dem Anschreiben die *Aufmerksamkeit der Teilnehmer zu wecken.* Verwenden Sie besonderes Papier, Karton oder außergewöhnliche Formate. Weisen Sie durch ein Loch in dem Briefpapier auf mögliche Überraschungen für sich selbst im Seminar hin.

Schwierigkeiten

Manchen Teilnehmern fällt es schwer, lange zu stehen.

Anmerkungen

Das persönliche Ziel kann sich während des Seminars verändern. Dann sollte der Teilnehmer es umformulieren und überprüfen, ob die eigene Position dazu noch stimmig ist. Der Zielweg sollte immer zum Fenster, also zum Licht hin ausgerichtet sein.

Praktische Erfahrungen

Durch den Zielweg ergründen die Teilnehmer sehr intensiv ihre innere Motivation. Die besten Erfahrungen habe ich gemacht, wenn ich das Beschreiten des persönlichen Weges immer mit einer kurzen Fantasiereise begleitet habe.

Entwicklungsbogen

Kurzbeschreibung **Während des Seminars wird ein öffentlicher persönlicher »Entwicklungsbogen« von jedem Teilnehmer geführt.**

Ziel Gegenseitiges Anregen zum Transfer, Vernetzen der Teilnehmer und Transparenz des Entwicklungsstandes.

Gruppengröße Plenum und Einzelarbeit.

Dauer Zu Beginn 30 Minuten, täglich zehn Minuten.

Material Für jeden Teilnehmer einen Flipchartbogen, farbige Stifte.

Metapher Abflugtafel im Flughafen.

Am Seminarbeginn wird mit den Teilnehmern vereinbart, einen Entwicklungsbogen zu führen. Auf einem Flipchartbogen soll jeder seine wichtigsten Entwicklungsschritte für alle zugänglich aufschreiben. Die Aufgabe lautet:

»Gestalten Sie bitte nach Ihren eigenen Vorstellungen einen Flipchartbogen, auf dem Sie kontinuierlich Ihren persönlichen Entwicklungsstand im Seminar beschreiben. So können Sie sich gegenseitig anregen, erkennen den Stand der anderen Teilnehmer, sehen was Sie bewegt und können in Kontakt treten. Gleichzeitig wird transparent, wo wir mit dem gesamten Seminar stehen und können eventuell nachregeln. Gestalten Sie folgende Felder auf Ihrem Flipchartbogen ganz nach Ihren persönlichen Vorstellungen:

❖ *Ihr Name.*
❖ *Ihre Motivation an diesem Seminar teilzunehmen.*
❖ *Ihr persönliches Seminarziel.*

> ❖ *Ihre eigenen Erfahrungen zu dem Seminarthema.*
> ❖ *Ihre möglichen konkreten Beiträge zum Erfolg des Seminars.*
> ❖ *Aufkommende Fragen, die beantwortet werden sollen.*
> ❖ *Tagesfelder für jeden Seminartag, in denen Sie persönliche Erkenntnisse von jedem Tag und Überlegungen zum Transfer notieren.*
>
> *Sie werden jeden Tag Gelegenheit haben, Ihren Bogen zu ergänzen und sich die Flipcharts der anderen Seminarteilnehmer anzusehen.«*

Am Ende eines jeden Tages haben die Teilnehmer Zeit, ihre Bogen zu ergänzen. Als Trainer können Sie sich über den Stand informieren und auf die Fragen entsprechend reagieren.

Varianten

❖ Lassen Sie die Teilnehmer in Kleingruppen selbst *Vorschläge erarbeiten*, welche Felder für sie sinnvoll sind. Eventuell kann es auch Themen geben, die aus ihrer Sicht nicht veröffentlichbar sind und daher auf einen persönlichen intimen Nebenbogen notiert werden. Als Vorgaben können Sie nach wie vor Ihre Pflichtfelder nennen.
❖ Die *Zielskala* (⇨ S. 64) kann auf die Entwicklungsbogen für jeden Teilnehmer einzeln übertragen werden.

Schwierigkeiten

Möglicherweise entstehen Diskussionen, da einige Teilnehmer solch eine Veröffentlichung nicht wollen. Gehen Sie darauf unbedingt ein. Decken Sie die Vor- und Nachteile des Entwicklungsbogens gemeinsam auf und entscheiden Sie dann im Plenum, wie damit umgegangen werden soll. Sie können einige Felder ausklammern oder wie unter Varianten beschrieben, die Teilnehmer selbst bestimmen lassen. Sollte es zu keiner Lösung kommen, dann wählen Sie eine andere Methode (*Zielskala* ⇨ S. 64 oder *Zielweg* ⇨ S. 68).

Anmerkungen

Die aufgehängten Flipchartbogen benötigen Platz. Sie brauchen daher mehrere Pinnwände. Alternativ können Sie die Blätter an jedem Abend auf dem Boden auslegen, ergänzen und bis zum nächsten Morgen liegen lassen.

Praktische Erfahrungen

Das Offenlegen der Eintragungen setzt wirklich einen gewissen Grad an Vertrauen voraus. Für mich als Trainer ist der transparente Überblick über den Entwicklungsstand der Teilnehmer sehr hilfreich. Es fällt den Teilnehmern oft leichter, Kritik auf dem Flipchartbogen als im Plenum zu äußern.

Transferbuch

Kurzbeschreibung

In einer Art Tagebuch protokollieren die Teilnehmer ihre persönlichen transferorientierten Erkenntnisse während des Seminars.

Ziel

Die Seminarinhalte werden von den Teilnehmern persönlich zugeschnitten. Die persönlichen Erkenntnisse werden in den Vordergrund gerückt und damit die Individualität jedes Teilnehmers unterstrichen.

Gruppengröße

Einzelarbeit im Plenum.

Dauer

Nach jeder Übung bzw. jedem Thema fünf Minuten, 20 Minuten am Ende des Seminartages.

Material

Ansprechendes Heft, Buntstifte.

Metapher

Tagebuch, regelmäßige Inspektion.

Ablauf

Jeder Teilnehmer erhält zu Beginn des Seminars sein persönliches »Tagebuch« mit leeren Seiten, das ihn individuell durch das gesamte Seminar begleitet.

Das persönliche Transferbuch initiieren
Lassen Sie die Teilnehmer den Umschlag oder die erste Seite des Heftes »kunstvoll« gestalten, damit es zu ihrem ganz persönlichen Tagebuch wird. Dazu können ein Symbol, die eigenen Initialien gezeichnet oder ein Spruch eingetragen werden.

Den ersten Eintrag vornehmen
Der erste inhaltliche Eintrag kann das persönliche Seminarziel sein, das durch ein gemaltes Symbol ergänzt wird. Durch die Übung *Vorwegnahme* (⇨ S. 55) lässt sich dieser Schritt noch intensivieren.

Verwendung des Buches

Das Buch kann jetzt für verschiedene Einsätze genutzt werden:

❖ **Zum Mitschreiben der Seminarinhalte:** Dies kann jeder nach Belieben tun. Legen Sie im Plenum Buntstifte, Wachsmalkreiden usw. aus, um die Kreativität anzuregen.

❖ **Zur persönlichen Reflexion nach jedem Thema oder jeder Übung:** Zum Abschluss jedes Themas oder jeder Übung bekommen die Teilnehmer etwa fünf Minuten Zeit, das aufzuschreiben, was ihnen persönlich wichtig ist. Hierzu können Sie folgende Struktur zur Orientierung anbieten:
  – Thema bzw. Titel der Übung.
  – Wichtige persönliche Erkenntnisse.
  – Was möchte ich aus dieser Erfahrung umsetzen?
  – Welches Symbol fällt mir dazu ein?
  Je nach Zeit und Wunsch der Teilnehmer kann das noch ergänzt werden:
  – Welchen Nutzen kann ich daraus ziehen?
  – Wie wirkt sich das in meinem privaten Leben aus?
  – Was bedeutet das für den im Umgang mit meinen Kollegen? – usw.

❖ **Zum Abschluss des Tages:** Am Ende eines jeden Seminartages wird noch einmal der ganze Tag rekapituliert (Eventuell unterstützt durch die *Reise durch den Tag* ⇨ S. 89). Folgende Fragen haben sich dazu bewährt:
  – Welches Symbol gebe ich dem heutigen Tag?
  – Was hat mich heute am meisten berührt? Welche Gefühle hatte ich dabei?
  – Welches interessante Erlebnis hatte ich heute?
  – Was habe ich von den anderen Teilnehmern gelernt?
  – Welche (neuen) Ressourcen oder Fähigkeiten habe ich heute in mir entdeckt?
  – Was kann ich von diesem Tag in der Praxis umsetzen?

❖ **Zum Abschluss des Seminars:** Lassen Sie am Ende des Seminars den Teilnehmern Zeit, das Buch noch einmal durchzulesen. Das gesamte Seminar gelangt so noch einmal »parallel« ins Bewusstsein. Mit diesem inneren Kontakt zum gesamten Seminar lässt sich zum Beispiel *das persönliche Projekt* (⇨ S. 118) leichter und genauer formulieren.

❖ **Nach dem Seminar:** Noch während des Seminars können im persönlichen Kalender Termine mit sich selbst vereinbart werden, ganz bestimmte Seiten aus dem Transferbuch nachzulesen. Das kann allein oder zusammen mit einem Paten geschehen. Diese Termine sind dann Zeiten zum telefonischen Austausch untereinander.

Varianten

❖ Die persönlichen Inhalte des Transferbuchs können auch im ständigen Kontakt mit einem *Paten* ausgetauscht und vertieft werden. Die Patenschaften werden zu Beginn geschlossen und können auch über das Seminar hinaus bestehen bleiben.

❖ Es können auch vorstrukturierte (wie oben beschrieben) *Einzelblätter* verwendet werden, die nach jedem Thema bzw. jeder Übung verteilt werden.

❖ Die Teilnehmer können sich für ihre Eintragungen *feste Symbole* erarbeiten: Für Ideen (Glühlampe, Ausrufezeichen), persönliche Erfahrungen (Pfeil in ein Strichmännchen hinein, Smily), mitgeschriebene Inhalte (leeres Blatt, Formel), Vorhaben (Hand, Hammer) usw.

❖ Im Transferbuch können *Stellen frei bleiben*, in denen später Fotos, die im Seminar gemacht worden sind, eingeklebt werden.

❖ Wenn *Sprüche des Tages* ausgehängt werden, können diese natürlich auch in das Transferbuch übernommen werden.

❖ Stellen Sie den Teilnehmern jeden Tag eine *besonders pfiffige bzw. paradoxe Frage*: »Was habe ich heute verlernt?«, »Was meinst du, hat Teilnehmer xyz heute gelernt?« – »Wenn der Tag heute ein Flugzeug wäre, wo würde es hinfliegen?« – usw. Die persönliche Antwort wird in das Buch notiert. Durch die ver-rückten Fragen können neue Denkbahnen über den Transfer angeregt werden.

❖ Jeder Teilnehmer kann sich einen Namen für sein Transferbuch überlegen und es im Plenum *pantomimisch* vorstellen. Dadurch wird das Buch emotional geankert.

❖ Man kann aus dem Heft *Blätter heraustrennen*, die der Trainer oder der Pate nach dem Seminar den Teilnehmern zu einem bestimmten Zeitpunkt zuschickt.

Schwierigkeiten

Manche Teilnehmer schreiben nicht gern. Findet aber ein Austausch in Zweiergruppen statt, erhöht das in der Regel die Bereitschaft. Ansonsten gilt der Grundsatz: Jeder hat seinen eigenen Stil, mit dem Angebot des Transferbuches umzugehen.

Anmerkungen

Achten Sie auf Regelmäßigkeit. So kann das Transferbuch zu einer lieb gewordenen Gewohnheit werden.

Praktische Erfahrungen

Die persönlichen Erkenntnisse gewinnen für die Teilnehmer oft eine wesentlich größere Bedeutung als was ich als Trainer zu den Themen beabsichtigt habe. Ich ließ mich oft positiv überraschen, was den Teilnehmern alles wichtig war.

Transfergruppen

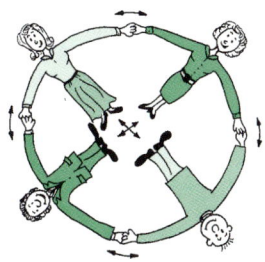

Kurzbeschreibung

In Kleingruppen wird der mögliche Transfer des Seminars in regelmäßigen Abständen bearbeitet.

Ziel

Eigenaktivität und -verantwortung der Teilnehmer fördern. Feedbackschleife für das Seminar installieren. Austausch untereinander fördern, gezielt auf *das persönliche Projekt* (⇨ S. 118) hinarbeiten.

Gruppengröße

Kleingruppen von drei bis fünf Teilnehmern.

Dauer

Je Tag 30 Minuten.

Material

Moderationsmaterial.

Metapher

Lagebesprechung während des Fußballspiels.

Ablauf

Die Transfergruppen reflektieren selbstgesteuert die durchgearbeiteten Seminarthemen im Hinblick auf ihre Praxis.

Einstimmen in die Transfergruppen
Erläutern Sie zu Beginn des Seminars den Sinn der Transfergruppen:

> »*Sie allein wissen, wie es in Ihrer Arbeitspraxis aussieht, wissen, was in Ihrer Situation hilfreich ist oder auch nicht. Ich kann Sie mit neuen Themen in Kontakt bringen, Ihnen neue Methoden vorstellen, und Übungen durchführen. Was Sie davon umsetzen können, wissen Sie allein. Deshalb biete ich Ihnen an, an jedem Tag unseres Seminars genau zu reflektieren: Was war für Sie relevant? Was können Sie umsetzen? Was haben Sie nicht verstanden? Was können Sie nicht mit Ihrer Praxis verbinden? Und weil man für sich allein oft nicht so viele Ideen erhält, sollte das in Gruppen geschehen.*«

Gruppen bilden

Sie können für die Zusammenstellung der Gruppen Kriterien vorschlagen oder mit den Teilnehmern zusammen herausarbeiten. Mögliche Kriterien sind:

❖ Die Gruppe setzt sich aus Teilnehmern zusammen, die sich auch noch nach dem Seminar gegenseitig unterstützen können.
❖ Die Gruppenmitglieder sollten sich möglichst nicht kennen, um neue Impulse zu bekommen.
❖ Die Teilnehmer der Gruppe sollten in der Praxis ähnliche Aufgabenstellungen haben.

Praktische Arbeit der Transfergruppen

Die Teilnehmer bekommen täglich (am Ende des Seminartages) 30 Minuten bis 60 Minuten Zeit, sich über den (möglichen) Transfer auszutauschen. Das kann offen ohne Vorgaben geschehen oder gezielt mit Fragen unterstützt werden:

❖ Zur Einstimmung: Welches Symbol charakterisiert den heutigen Seminartag?
❖ Welche der heute behandelten Themen haben für mich Transferbezug?
❖ Welche neuen Erfahrungen habe ich gemacht?
❖ Was lässt sich davon in die Praxis umsetzen?
❖ Welchen konkreten Nutzen habe ich davon? Was verändert sich dadurch in meiner Praxis?
❖ Mit welchen Widerständen und Schwierigkeiten muss ich rechnen?
❖ Wie kann ich damit umgehen?
❖ Was muss im Seminar noch bearbeitet oder vertieft werden, damit der Transfer sichergestellt ist?
❖ Was muss sich im Seminar ändern, damit der Praxisbezug stärker wird?

Fragen im Plenum bearbeiten

Fragen, die in den Gruppenarbeiten aufgetaucht sind, können anschließend direkt oder am nächsten Morgen im Plenum besprochen werden. Gibt es Einwände oder Kritik zum Seminarablauf, steht Ihnen die Methode *Einwandbehandlung* (⇨ S. 80) zur Verfügung.

Transfergruppen am Ende des Seminars integrieren

Um den Austausch in den Transfergruppen am Seminarende sinnvoll abzuschließen, sollte in den Gruppen *das persönliche Projekt* (⇨ S. 118) erarbeitet werden.

Varianten	❖ Zum Abschluss der Transfergruppen kann jede Gruppe am Ende des Seminars einen *Transfersketch* aufführen und dadurch den Stoff noch einmal auf einer humorvollen Ebene integrieren (*Transfer-Rituale* ⇨ S. 166).

❖ In den Gruppen können täglich *konkrete Transferideen* für jeden Teilnehmer erarbeitet werden. Diese Ideen werden dann in der letzten Zusammenkunft der Transfergruppe für jeden Teilnehmer gewichtet. Bewertungsfaktoren können dafür sein: Persönliche Motivation, Aufwand, Nutzen, mögliche Einwände. Die favorisierte Idee ist dann die Grundlage für die Erarbeitung *des persönlichen Projektes* (⇨ S. 118).

❖ Den Gruppen können auch zwei *verschiedene Aufgabenstellungen* gegeben werden. Zwei Gruppen arbeiten beispielsweise heraus, was an diesem Tag praxisrelevant war. Die dritte Gruppe versucht hingegen zu ergründen, warum es vorteilhaft wäre, in der Praxis nichts zu verändern, alles beim Alten zu belassen. Die Gruppen stellen ihre Ergebnisse im Plenum vor. Diese müssen nicht unbedingt diskutiert und bearbeitet werden. Wichtig ist, dass die Einwände ausgesprochen und damit bewusst wahrgenommen werden. Dies allein kann schon wünschenswerte Veränderungen bewirken. Alternativ zu diesem Vorgehen kann auch der »Einwand des Tages« diskutiert werden.

❖ Die Transfergruppen überprüfen, ob das Seminar in der erlebten Art und Weise weiter durchgeführt werden soll, und erarbeiten konkrete *Verbesserungsvorschläge*, die dann im Plenum verhandelt werden.

Schwierigkeiten

Da sich die Gruppenarbeiten wiederholen, kann die Arbeitsenergie sinken. Halten Sie daher Kontakt zu den Gruppen und aktivieren Sie die Motivation durch gezielte Fragen. Eventuell kann auch ein Teilnehmer die Rolle des Moderators übernehmen.

Anmerkungen

Die Transfergruppen fördern durch selbstständiges Arbeiten stark die Eigenverantwortung. Deshalb sollten Sie als Trainer während der Gruppen kaum oder nicht eingreifen.

Praktische Erfahrungen

Aus Sicht der Teilnehmer ist eine Transfergruppensitzung pro Tag ausreichend, da die Diskussion in diesen Gruppen meistens sehr intensiv ausfällt.

Einwandbehandlung

Kurzbeschreibung	**Im Raum werden eine Einwand- und eine Ideenposition installiert, um mit möglichen Einwänden konstruktiv umzugehen.**
Ziel	Das innere »Ja« zur Umsetzung stärken. Äußere und innere Hindernisse, die bei der Umsetzung in die Praxis entstehen können, vorwegzunehmen und zu bearbeiten.
Gruppengröße	Das gesamte Plenum oder in Kleingruppen.
Dauer	30 bis 60 Minuten.
Material	Symbole oder Zeichnungen auf Flipchartbogen für die Einwand- und Ideenposition
Metapher	Das Wort »Aber«, Evolution (nur was sich bewährt, überlebt langfristig).
Ablauf	Diese Methode kann nach jedem Thema, bei der Erarbeitung des *persönlichen Projekts* (⇨ S. 118), bei der Aktivierung der *Transferkarte* (⇨ S. 84) oder situativ während des Seminars eingesetzt werden.

Positionen vorbereiten
Im Raum werden auf dem Boden zwei Positionen markiert (zum Beispiel mit Flipchartbogen, auf denen die Namen der Positionen stehen): Eine Einwand- und eine Ideenposition. Die beiden Positionen befinden sich gegenüber. Jede Position wird mit zwei bis drei Seminarteilnehmern besetzt. So können sie sich gegenseitig unterstützen und niemand steht allein im Mittelpunkt. Es kann sich auf die Position gestellt oder auch gesetzt werden.

Einwände aussprechen

Die Einwandposition schildert zuerst einen Einwand. Dieser wird zunächst nur am Flipchart mitprotokolliert. Der Einwand wird noch nicht diskutiert. Es sind nur Verständnisfragen erlaubt.

Ideen generieren

Jetzt tritt die Ideenposition in Aktion. Die Teilnehmer diskutieren untereinander wie dem Einwand begegnet werden kann. Sie entwickeln Ideen oder Argumentationen. Diese werden dann der Einwandposition mitgeteilt.

Lösungen ausarbeiten

Die Einwandposition signalisiert, ob diese Idee sie weiterbringt oder ob sie nichts zur Lösung beiträgt. Die Ideenposition kann daraufhin wieder neue Vorschläge entwickeln. Es gibt dabei kein Richtig oder Falsch, sondern nur ein Experimentieren, welche Idee auf die größte Akzeptanz trifft.

Alle Ideen werden mitprotokolliert und können den Teilnehmern anschließend zur Verfügung gestellt werden. Auch die Ideen, die von der Einwandposition nicht akzeptiert wurden, können für andere Teilnehmer bedeutungsvoll sein.

Wechsel der Positionen

Die Besetzung der Positionen kann und sollte auch wechseln. Die Teilnehmer aus dem Plenum können eine Position einnehmen und sich wieder zurücksetzen. Es kann von der Einwand- in die Ideenposition und umgekehrt gewechselt werden. Sie selbst können auch als Trainer Einwände und Ideen auf den Positionen einbringen. Es gilt die unumstößliche Regel, dass außerhalb der Positionen keine Einwände oder Ideen vorgebracht werden dürfen.

Verhandlung abschließen

Überprüfen Sie, ob ein zufrieden stellendes Angebot dabei gewesen ist.

Varianten

❖ Bevor zu einem Einwand Ideen generiert werden, kann die *positive Absicht*, bzw. der *versteckte Nutzen* dahinter aufgedeckt werden. So kann ein Einwand in einer Trainerausbildung lauten: »Fantasiereisen sind in meinen Trainings nicht anwendbar.« Die versteckte positive Absicht dahinter könnte der Schutz vor Blamage oder die Angst vor Kontrollverlust sein. Diese positive Absichten sollen von der Ideenposition berücksichtigt werden. Dadurch erhöht sich automatisch die Akzeptanz der Angebote an die Einwandposition. Eventuell kann dafür eine weitere Position eingerichtet werden oder das Plenum übernimmt diese Rolle. Ob die Angebote bzw. Hypothesen über den versteckten Nutzen stimmig sind, kann nur von der Einwandposition überprüft werden.

❖ Die Einwandposition kann auch *zu bestimmten Fragen Stellung nehmen*: Welche negativen Reaktionen der Kollegen sind zu erwarten? Was kann den Teilnehmer davon innerlich abhalten, es umzusetzen? Welche negativen Konsequenzen kann die Umsetzung nach sich ziehen? Was muss aufgegeben werden, wenn das Neue umgesetzt wird? Welche negativen Konsequenzen können im privaten Bereich entstehen?

Schwierigkeiten

Es kann vorkommen, dass Einwände von den Teilnehmern negativ bewertet werden. Das ist die größte Gefahr dieser Methode. Achten Sie unbedingt darauf, dass jeder Einwand gewürdigt wird.

Wenn die Einwände sehr persönlich sind oder auch direkt aus dem Prozess des Seminares entstehen, lasse ich oft Stellvertreter die Position einnehmen. Das Motto dazu lautet: »Wer kann den Einwand nachvollziehen oder wer könnte genauso empfinden?« Die Gefahr liegt darin, dass sich ein Teilnehmer durch die Positionierung vorgeführt fühlt und sie unausgesprochen als Strafe für seine Offenheit empfindet und daher die Rolle nur mit innerem Widerstand einnimmt. Deswegen sollten immer mehrere Personen auf dieser Position stehen.

Anmerkungen

Wenn die Ideen formuliert werden, sollten Sie die körperlichen Reaktionen (Physiologie) der Teilnehmer in der Einwandposition beobachten. Diese nonverbalen Signale lassen oft erkennen, ob die Idee den Einwand kleiner werden lässt oder ob die Idee überhaupt nichts zur Lösung beiträgt.

Achten Sie darauf, ob die Übung noch auf Resonanz stößt. Manchmal verzetteln sich die Teilnehmer bei der Suche nach Ideen. Gehen Sie daher nach einer gewissen Zeit dazu über, die Idee, die den meisten Zuspruch erfahren hat, zu optimieren.

Praktische Erfahrungen

Einwände sind verstecktes Optimierungspotenzial, Hinweise darauf, dass noch etwas fehlt, Wünsche nach weiterer Veränderung. Deswegen verstärke ich sie zielgerichtet und spreche sie auch von mir aus an, wenn sie nicht ausgesprochen werden. Mit den Einwänden würdevoll und wertschätzend umzugehen und aus ihnen Ideen zu entwickeln, zählt nach meiner Erfahrung zu den kraftvollsten Methoden zur Sicherung des Transfers. Zudem entsteht in dem Seminar eine andere Kritikkultur. In dem durch diese Methode vorgelebt wird, wie würdevoll und konstruktiv mit Kritik umgegangen werden kann, werden auch ohne diese Positionierung Einwände eingebracht und die offene Auseinandersetzung auch für andere Themen möglich.

Transferkarte

Kurzbeschreibung	**Jeder Teilnehmer erhält eine Transferkarte, mit der er das Seminar transferorientiert steuern kann.**
Ziel	Eigenverantwortung für den Transfer fördern, Störungen konstruktiv bearbeiten, Prozessorientierung des Seminars unterstützen.
Gruppengröße	Das gesamte Plenum.
Dauer	Einführung fünf Minuten, dann jeweils nach Problemstellung
Material	Vorbereitete Transferkarten.
Metapher	Rote oder gelbe Karte im Fußball, Antrag zur Geschäftsordnung.
Ablauf	Jeder Teilnehmer erhält zu Beginn des Seminars eine Transferkarte. Diese Karte berechtigt, den Seminarablauf sofort zu unterbrechen, wenn aus der Sicht eines Teilnehmers durch die Art und Weise des Trainings der Transfer nicht mehr sichergestellt ist. Das aktuelle Thema wird sofort zurückgestellt und nur der Transfereinwand besprochen. Im Detail kann die Transferkarte folgende Funktionen übernehmen:

Plenumsfunktion
Ein Teilnehmer hat den Eindruck, dass das Seminar nicht mehr genügend am Transfer ausgerichtet ist. Er stoppt den weiteren Ablauf. Jetzt können folgende Regeln (im Vorfeld vereinbart) aktiviert werden:

❖ Der Teilnehmer schildert, aus welchem Grund er die Karte gezogen hat.
❖ Der Trainer fragt das Plenum nach konstruktiven Lösungsvorschlägen.
❖ Eine Lösung wird vereinbart.

Patenfunktion

Im Seminar werden Patenschaften gebildet. Zwei Teilnehmer unterstützen sich dabei gegenseitig in ihrer persönlichen Zielerreichung. Die Transferkarte kann dann folgende Funktion übernehmen: Wenn der Pate im Verlauf des Seminars den Eindruck gewinnt, dass das Ziel seines Paten nicht mehr erreicht werden kann, hat er das Recht, das Seminar zu unterbrechen. Dann wird genauso wie für die Plenumsfunktion beschrieben verhandelt. Bei dieser Variante ist jeder für den Transfer eines anderen mitverantwortlich. Die persönliche Zielerreichung bekommt einen hohen Stellenwert.

Allgemeinbewertung

Die Teilnehmer können zu bestimmten Zeitpunkten (pro Tag, vor- oder nachmittags, pro Thema) mit der Karte signalisieren, wie transferorientiert der Tag (der Abschnitt oder das Thema) aus der Sicht der Teilnehmer war. War der Tag stark am Transfer ausgerichtet, wird die Karte hochgehalten. Hatte er dagegen wenig mit der Praxis zu tun, wird sie nach unten gehalten. So erhalten Sie schnell einen Überblick und können notwendige Veränderungen diskutieren.

Varianten

❖ Als Transferkarte kann auch eine original *Schiedsrichterkarte* verwendet werden.
❖ Sie können die Karte auch für *Abstimmungen nutzen*, die mit dem Thema Transfer zu tun haben. Dadurch wird sie stärker in ihrer Transferfunktion verankert.

Schwierigkeiten

Keine.

Anmerkungen

Benutzen auch Sie selbst die Transferkarte. So können Sie die Teilnehmer aktivieren, denn oft nehmen die Teilnehmer gerade zu Beginn die Möglichkeit nicht wahr und benötigen sozusagen eine »Erlaubnis«.

Praktische Erfahrungen

Das Angebot der Transferkarte wird nicht immer genutzt. Allein die offen ausgesprochene Möglichkeit, sie ständig zu verwenden und die Karte als ständig sichtbares Symbol, lädt die Teilnehmer ein, Kritisches zu äußern.

Praxisposition

Kurzbeschreibung

Von einer bestimmten Stelle im Seminarraum aus wird das Seminar von den Teilnehmern in Richtung Transfer konstruktiv kritisiert.

Ziel

Die Stimme der Praxis in das Seminar holen. Intensive Auseinandersetzung mit möglichen Einwänden.

Gruppengröße

Das gesamte Plenum.

Dauer

30 bis 60 Minuten.

Material

Symbol oder Zeichnung für die Praxisposition

Metapher

Leuchtturm, Verteidiger im Gericht, Antrag zur Geschäftsordnung.

Ablauf

Im Seminarraum wird an einer festgelegten Stelle ein Flipchartbogen mit dem Wort »Praxisposition« ausgelegt. Regelmäßig wird diese Position im Seminar aktiviert: Vor der Mittagspause, am Ende des Tages oder nach jedem wichtigen Thema.

Einstimmen

Zwei bis drei Teilnehmer aus dem Seminar werden gebeten, die Praxisposition einzunehmen. Stimmen Sie diese mit einigen Worten auf ihre Rolle ein:

> *»Während Sie sich zur Praxisposition begeben oder dort schon stehen/sitzen, nehmen Sie eine neue Rolle ein. Sie sind die Anwälte für den Transfer oder Anwälte für die Praxisrelevanz dieses Seminars. Stellen Sie sich vor, dass Sie das bisherige Geschehen als ein neutraler Beobachtergremium wahrgenommen haben. Sie haben alles gehört und gesehen, was in diesem Seminar besprochen und bearbeitet wurde. Da Sie sich nicht aktiv beteili-*

> *gen brauchten, hatten Sie viel Zeit darüber nachzudenken, ob das, was hier bearbeitet wurde, sich wirklich für die Praxis eignet. Und ob die Art und Weise, wie hier gearbeitet wurde, etwas mit der Praxis zu tun hat. Was ist Ihre Meinung? Diskutieren Sie bitte als Praxisexperten in Ihrem Zweier-/Dreiergremium diese Frage.«*

Die Teilnehmer kommentieren also aus der Praxis heraus das Seminar bzw. das zuletzt bearbeitete Thema. Die anderen Teilnehmer im Plenum hören lediglich zu, machen sich Notizen und lassen sich anregen.

Die Kommentare im Plenum diskutieren
Anschließend wird im Plenum darüber diskutiert, was diese Kommentare für die Bearbeitung des letzten Themas oder auch für die weitere Gestaltung des Seminars bedeuten. Währenddessen hören die Teilnehmer in der Praxisposition nur zu und lassen die Diskussion einfach auf sich wirken. Sie bleiben innerlich in ihrer neuen Rolle.

Die Diskussion kommentieren
Anschließend kann die Praxisposition die Diskussion wieder aus ihrer Sicht kommentieren. »War die eben geführte Diskussion aus Ihrer Sicht heraus hilfreich?« »Wie war die Atmosphäre der Diskussion?« Das Plenum wiederum hört in dieser Phase nur zu.

Lösungen erarbeiten
Nach diesem Kommentar werden neue Lösungen im Plenum erarbeitet und abgesprochen. Zuerst werden nur Ideen gesammelt, dann bewertet und schließlich vereinbart. Die Praxisposition hört in dieser Phase wiederum nur zu.

Die Lösung kommentieren
Die Teilnehmer der Praxisposition kommentieren zum Abschluss noch einmal die erarbeitete Lösung aus ihrer Sicht.

Aus den Rollen entlassen
Durch ein kurzes Ritual können die Teilnehmer wieder aus der Praxisposition entlassen werden. Ein Seminarteilnehmer oder Sie selbst als Trainer können ihnen zum Beispiel die Hände schütteln, sich bedanken und sie dadurch wieder in ihrer alten Rolle begrüßen.

Variante

Sie können die *Rolle* in der Praxisposition folgendermaßen *variieren*: »Wenn das, was wir hier erarbeitet haben, schon umgesetzt worden wäre, was würde die Praxis dann dazu sagen?«, »Wie sieht der Vorgesetzte das Seminar?«, »Wie die eigenen Kollegen?«

Schwierigkeiten

Manchmal schlüpfen die Teilnehmer in die Rollen von Mitarbeitern, die bereits innerlich gekündigt haben oder in extrem kritische Kollegen. Dann werden Kritiken ausgesprochen, die nur in Ausnahmesituationen realistisch sind. Definieren Sie dann den Sinn der Praxisposition noch einmal neu.

Anmerkungen

Die Bearbeitung dauert öfter länger als 15 Minuten. Dann wird für die Teilnehmer in der Praxisposition das Stehen schwer. Bieten Sie ihnen eventuell Stühle an. Allerdings bringt das Stehen mehr Kraft und Deutlichkeit in die Aussagen. Im wahrsten Sinne des Wortes: »Ich stehe dazu!« Sie sollten darauf achten, dass jeder Teilnehmer einmal die Praxisposition einnimmt.

Praktische Erfahrungen

Diese Methode ruft oft sehr intensive Diskussionen hervor, die für den Transfer besonders hilfreich waren. Die Praxisposition darf allerdings nicht überzogen oder endlos ausgedehnt werden. Es gilt die Grundregel: Lieber nur einige wenige wichtige Kommentare als endlose Debatten.

Reise durch den Tag

Kurzbeschreibung	**Am Ende eines jeden Seminartages wird als Abschluss eine Entspannungs-reise mit einer inhaltlichen Reflexion des Tages durchgeführt.**
Ziel	Tiefere Verinnerlichung der wesentlichen individuellen Erkenntnisse.
Gruppengröße	Das gesamte Plenum.
Dauer	20 Minuten.
Material	Decken oder Unterlagen zum Hinlegen. Es geht aber auch im Sitzen. Entspannungsmusik, CD-Player.
Metapher	Vor dem Einschlafen den Tag noch einmal Revue passieren lassen.
Ablauf	Schließen Sie Ihre Tagesthemen so ab, dass Sie am Ende des Tages Raum und Zeit für diese Entspannungsreise haben. Die Teilnehmer legen oder setzen sich bequem hin und Sie führen sie in einer Fantasiereise noch einmal durch die wesentlichen Stationen und persönlichen Erkenntnisse des Tages:

> »*Finde deinen Platz und deine Position, so wie du an diesem Tag deinen Platz gefunden hast. Und überprüfe, ob du bequem liegst oder sitzt. Sonst verändere deine Haltung. Vielleicht spürst du, wie dein Körper auf der Unterlage liegt und von ihr getragen wird. Je mehr du deinen Atem wahrnimmst, ihn aus- und einströmen spürst, desto mehr kannst du dich auf dich selbst konzentrieren und in deiner eigenen Welt ankommen. Lausche diesem Ein- und Ausströmen deines Atems eine Weile zu und genieße dein Entspanntsein, das sich mehr und mehr in dir ausbreiten kann.*
> *Ich lade dich nun ein, dich an einen Ort deiner Wahl zu begeben. Einen Ort, an dem du dich wohl fühlst, der dir gut tut, einen Ort der Kraft und*

Erholung für dich. Vielleicht hast du ihn in einem Urlaub gefunden, oder er befindet sich irgendwo zu Hause, in deinem Haus oder draußen. Vielleicht ist es auch ein Ort der Fantasie, zu dem du dich hingezogen fühlst. Allein du weißt, wie du diesen Ort erreichen kannst, jetzt. Mit welchem Gefühl kommst du dort an? Was bewegt sich in dir? Breitet sich Wärme, Behaglichkeit oder Wachheit aus? Ist es eher warm oder erfrischend? Wo spürst du dieses Gefühl in dir am intensivsten? Und wenn du dich umblickst, was nimmst du wahr, welche Bilder umgeben dich. Gibt es Töne, Klänge, die dazu gehören und wahrgenommen werden möchten? Und Gerüche: Hat dieser Ort einen bestimmten Duft, an den du dich erinnerst?

So angekommen, kannst du dir an deinem Ort einen Platz aussuchen, an dem du dich gerne niederlassen möchtest. Vielleicht hast du ihn auch bereits eingenommen. Setze oder lege dich also an diesen Ort, sodass du all das aufnehmen kannst, was dich innerlich unterstützt. Und während du so dasitzt oder liegst, lass diese Energie, dieses Besondere in dich hineinfließen, damit es dich ausfüllen kann und dir gut tut. Ich lasse dir Zeit, all das in dir aufzunehmen, was du möchtest, jetzt in diesem Augenblick. Während du so genießt und in deiner Weise mit dem Wunderbaren dieses Ortes in Kontakt bist, kannst du dir Zeit nehmen, den Tag heute noch einmal an deinem inneren Auge vorbeiziehen zu lassen.

Der Tag begann heute mit … (Das erste Thema des Tages nennen.). Wie hast du das erlebt, was war dir dabei wichtig? Dann folgte … Was waren deine Gedanken und Gefühle dabei. Welche Ideen hattest du, was du davon für dich umsetzen kannst oder hast du jetzt, während du noch einmal darüber nachsinnst?

Als nächstes Thema besprachen wir … Welche Bedeutung hatte für dich dieses Thema? Was kannst du davon umsetzen? (Alle relevanten Themen, Übungen oder Diskussionen werden noch einmal durchgegangen.)

Und wenn du den ganzen Tag so noch einmal vor dir siehst, was kannst du für dich mitnehmen und in dein Leben integrieren? Welche Ideen sind dir noch gekommen, so nebenbei, die vielleicht gar nichts mit dem Seminar zu tun haben, für dich aber von großer Bedeutung sind?

Lasse das alles noch einmal nachklingen, wirken und ausklingen. Und du liegst oder sitzt noch immer an dem Ort deiner Wahl. Lasse alles sich mit allem verbinden, alles was du brauchst, um es so mitzunehmen, wie es für dich erforderlich und richtig ist. Du weißt, wie das Neue und das Alte

> *seine Plätze in dir finden werden, wie sich in dir etwas verrücken kann, wenn es dazu bereit ist, und wie sich Ideen ausbreiten können, so wie die Wellen am Strand, die kommen und gehen, manches zurücklassen und dem Sand seine besondere Form geben, so wie du dir selbst.*
>
> *Dann ist es Zeit, sich wieder von diesem Ort zu verabschieden. Mit der Gewissheit, jederzeit hierher zurückkehren zu können. Sieh dich noch einmal um und verabschiede dich dann. Vielleicht möchtest du noch einen Gedanken zurücklassen oder einen Atemzug mitnehmen.*
>
> *Und dann komme auf deine Art und Weise, in der Zeit, die du brauchst, wieder hierher in diesen Raum zurück, spüre die Unterlage, auf der du liegst oder sitzt, nimm die Geräusche wahr, die dich umgeben. Welchen Teil deines Körpers möchtest du zuerst bewegen? Deine Hände, Füße, Deinen Kopf oder die Schultern? Räkel dich langsam und komme an, hier in diesem Raum. Und wenn für dich der Zeitpunkt gekommen ist, öffne die Augen und sei wieder ganz da.«*

Variante

Anstatt die Rekapitulation des Inhalts den Teilnehmern zu überlassen, können Sie in der Fantasiereise auch den konkreten *Stoff des Tages* wiederholen. Er sollte in kurzen, klaren Sätzen beschrieben sein und die wichtigsten Aussagen zusammenfassen. Es dürfen nur Inhalte erwähnt werden, die auch bearbeitet worden sind.

Schwierigkeiten

Sie benötigen einige Erfahrung im Sprechen von Fantasiereisen. Ihre Stimmführung sollte die Teilnehmer einladen, zu sich selbst zu gelangen. Lassen Sie sich dazu von einem erfahrenen Kollegen unterstützen, der Ihnen zur Stimmführung hilfreiche Hinweise geben kann.

Es kommt vor, dass einige Teilnehmer Bedenken äußern. Ich habe mir abgewöhnt, in dem Seminar das Wort »Trance« zu verwenden. Ich spreche von einer inneren Einkehr, Gedanken- oder Fantasiereise. Die Teilnehmer treten durch diese Übung zwar in einen tieferen entspannten Zustand ein, verlieren allerdings nicht die Kontrolle über sich. Solch eine Reise ist keine Hypnose.

Es stellt sich ein Zustand ein wie kurz vor dem Einschlafen, halbwach, dahindämmernd, noch wahrnehmend, aber sich auch schon für seine Intuition und dem Vor- und Unbewussten öffnend. In diesem alpha-ähnlichen Zustand des Gehirns geschieht das Aufnehmen von Inhalten besonders effektiv.

Bieten Sie diese Übung zur freiwilligen Teilnahme an. Wer nicht teilnehmen möchte, kann einfach nur zuhören. Entlasten Sie die Teilnehmer: Keiner muss bei dieser Reise etwas erreichen. Auch wenn man den Faden verliert oder mit bestimmten Angeboten nichts anzufangen weiß, kann einfach entspannt weiter zugehört werden.

Anmerkungen

Diese Übung kommt ursprünglich aus der Suggestopädie, eine ganzheitliche Lernmethode, die von dem bulgarischen Arzt Dr. Georgi Lozanov begründet und vielfach weiterentwickelt wurde. Sie wird dort als »passives Lernkonzert« eingesetzt. Anders als in der hier beschriebenen Übung, wird in der ursprünglichen Variante nur der durchgenommene Stoff wiederholt.

Verwenden Sie für die Einstimmung immer die gleiche Entspannungsmusik. Dadurch ist allein schon die Musik ein Anker für einen entspannten Zustand. In dem Augenblick, in dem Sie in der Reise die Stationen des Tages durchgehen, können Sie die Musik wechseln. Die Teilnehmer bleiben im gleichen Zustand, bekommen aber gleichzeitig ein Signal, dass sich die Inhalte ändern. Diese Musik läuft dann bis zum Ende der Reise weiter.

Der erste Teil der Fantasiereise lässt sich auch als Entspannungsübung nutzen, um sich wohl zu fühlen und Kraft zu sammeln.

Praktische Erfahrungen

Diese Übung hat für mich mehrere Ziele: Zum einen fördert sie natürlich den Transfer. Zum anderen gibt sie dem Tag aber auch einen ruhigen, integrierenden Abschluss. Sie wirkt entspannend und energieaufbauend. Und das nutze ich auch für mich selbst ganz gezielt. Indem ich die Reise spreche und mich einfühle, komme ich selbst in diesen Zustand, der mir ausgesprochen gut tut. Auch aus diesem Grund nutze ich diese Methode recht häufig.

Energieaufbau

Kurzbeschreibung	**Während des Seminars werden kurze körperaktive Spiele zum Thema Transfer durchgeführt.**
Ziel	Die Arbeitsenergie wird wach gehalten und diese Erfrischung mit dem Transfer verankert. Das bewusste und unbewusste Auseinandersetzen mit dem Transfer zum Seminarthema wird gefördert.
Gruppengröße	Das gesamte Plenum.
Dauer	Jeweils fünf bis zehn Minuten.
Material	Abhängig von dem Energieaufbau.
Metapher	Staffelstab, Ziellinie, Turnschuh, Ball.
Ablauf	Während des Seminars werden in regelmäßigen Abständen oder bei Bedarf Energieaufbauübungen durchgeführt, die auf einer symbolischen Ebene direkt oder indirekt etwas mit dem Transfer zu tun haben.

Transferkreis

Die Teilnehmer stellen sich in einem großen Kreis auf. Jeder wird aufgefordert, sich eine Körperbewegung zum Transfer einfallen zu lassen. Das kann ganz allgemein oder verbunden mit dem Seminarthema sein. Alle anderen wiederholen diese Bewegung.

Sie können die Übung auch mit dem Namen der Teilnehmer verbinden: »Mein Name ist … und für mich ist Transfer …«. Dieser Kreis kann dann während des Seminars öfter wiederholt werden, um sich auch die Namen besser einzuprägen.

Transfertransport

Es werden Zweiergruppen gebildet. Im Raum wird ein Ort markiert, an dem symbolisch die neuen Seminarerfahrungen liegen. Ein weiterer Punkt wird gekennzeichnet, an dem sich die Praxis (nach dem Seminar) befindet. Am besten bestimmen die Teilnehmer diese Orte selbst. Dann tragen die Teilnehmer jeweils zu zweit den Seminartransfer an den Ort der Praxis. Sie heben ihn dazu am ersten Ort symbolisch auf, tragen ihn an diesen Ort der Praxis und legen ihn dort wieder ab. Dabei kann experimentiert werden: Wie unterschiedlich lässt sich der Transfer tragen, wie leicht oder wie schwer ist der Transport, kann man den Transfer rollen, schieben oder auch werfen, ist er eher klein oder riesig und kaum zu umfassen? Animieren Sie Ihre Teilnehmer, das auszuprobieren.

Grätschengang

Im Seminarraum oder im Freien legen oder malen die Teilnehmer eine Linie auf den Boden. Auf der einen Seite der Linie befindet sich symbolisch die Praxis, auf der anderen die Seminarinhalte. Wie lassen sich diese beiden Bereiche körperlich verbinden? Um das zu integrieren, »tanzen« die Teilnehmer entlang der Linie: Durch einen Grätschengang, von einem zum anderen Feld hüpfend, spiralförmig abschreitend, von einer Seite zur anderen schlendernd usw. Eventuell kann jeder Teilnehmer seine besondere Gangart demonstrieren und die anderen folgen ihm in der gleichen Art und Weise.

Wie viele Buchstaben?

Die Teilnehmer stellen sich in folgender Reihenfolge auf: Wer die meisten Buchstaben des Wortes »Transfer« in seinem Vornamen hat, steht rechts, der nächste links davon usw. Dann sortieren sie sich entsprechend der Buchstabenanzahl in ihrem Nachnamen neu und schließlich nach der Zahl der Buchstaben im Vor- und Nachnamen. Dadurch verknüpfen alle Teilnehmer das Wort »Transfer« mit ihrem eigenen Namen und ihrer Person.

Transfertanz

Es wird rhythmische Tanzmusik aufgelegt. Nach einiger Zeit wird die Musik unterbrochen und ein Buchstabe genannt. Wenn der Buchstabe in dem Wort »Transfer« vorkommt, haben die Teilnehmer die Aufgabe, den Buchstaben zu zweit darzustellen. Dann setzt die Musik wieder ein und es darf wieder weiter getanzt werden. Nach einigen Runden können die Buchstaben dann zu dritt bzw. zu viert dargestellt werden.

Transferteile

Diese Übung lässt sich am besten im Freien durchführen. Es bilden sich Dreiergruppen. Zwei Teilnehmer stellen sich Rücken an Rücken und symbolisieren die Seminarinhalte und die Praxis. Sie haben die Aufgabe, auf das Zeichen »Start« flotten Schrittes geradeaus voneinander wegzugehen. Der Dritte in der Gruppe ist der Transfer. Er hat die Aufgabe, die beiden zusammenzuführen, sodass sie sich gegenseitig umarmen können. Er kann dazu die Teilnehmer mit beiden Händen an der Schulter fassen und neu ausrichten. Das geht so lange, bis beide Teile genau aufeinandertreffen. Kommen die Teile vor ein Hindernis, treten sie einfach auf der Stelle und warten auf den Transfer, der sie dann neu ausrichtet. Nach einer Runde wechseln die Teilnehmer ihre Rollen.

Die Macht des Redens

Im Freien wird ein Feld abgegrenzt, in dem sich die Teilnehmer bewegen dürfen. Jeder stellt einen möglichen Einwand gegen den Transfer dar. Ein Teilnehmer erhält ein Tuch oder eine Mütze, um zu signalisieren, dass er eine andere Rolle hat. Er symbolisiert die unterdrückende Macht, das nicht Aussprechen der Einwände (eventuell können auch zwei Teilnehmer diese Rolle übernehmen). Durch Antippen kann diese Macht die Einwände zum Schweigen bringen. So eingefangen, bleiben die Einwände stehen und halten sich mit der Hand symbolisch den Mund zu. Schweigen breitet sich aus. Dieser Macht können die Einwände natürlich durch Flucht entgehen. Sie können sich aber auch verbünden und einen zum Schweigen verdammten Einwand erlösen und ihm neue Kraft verleihen. Dazu müssen sich drei noch lebendige Einwände zusammenfinden und einen geschlossenen Kreis um den zum Schweigen Verdammten bilden. Sie rufen dann dreimal laut: »Alle Macht dem Reden«. Dadurch ist er nicht nur wieder erlöst, sondern hat durch diese Erfahrung die Fähigkeit bekommen, die schweigende Macht selbst zu fangen. Allerdings kann er das erst, wenn er sich mit mindestens einem weiteren Erlösten durch Anfassen verbunden hat. Alle weiteren Erlösten verlängern diese Schlange der Erlösten. Sie versuchen dann die Macht des Schweigens einzukreisen. Haben Sie das geschafft, können sie sie durch den dreimaligen Ruf: »Keine Macht dem Schweigen« endlich zur Ruhe bringen.

Variante

Die Energieaufbauübungen können im Nachhinein reflektiert werden. Bei der Übung »Transferbewegung« kann zum Beispiel die Individualität aufgedeckt werden. Jeder braucht für sich eine passende Transferstrategie, die zu seiner Art und seinen Erfahrungen passen muss. Bei der Übung »Transport« kann zum Beispiel nachgefragt werden, welcher Symbolgehalt in den Körperbewegungen liegt. Führen Sie diese Reflexion nicht zu intensiv durch. Sie überdecken sonst die spielerische Leichtigkeit, die sich auch unbewusst auf den realen Transfer übertragen kann.

Schwierigkeiten

Für einige Teilnehmer sind die Übungen vielleicht zu kindisch, verspielt. Beginnen Sie daher mit Übungen, die eher akzeptiert werden. Und lassen Sie Ihre Teilnehmer freiwillig mitmachen. Wer keine Lust hat, schaut einfach zu (was eher selten vorkommt).

Von großer Bedeutung ist Ihre eigene Haltung: Je überzeugter Sie selbst von solchen Übungen sind und das dadurch auch ausstrahlen, desto leichter werden die Teilnehmer Ihnen folgen.

Anmerkungen

Achten Sie bei den Übungen auf die Eigendynamik der Teilnehmer und bauen Sie sie mit ein. Die Teilnehmer wissen schon, was für sie richtig ist. So veränderten sie zum Beispiel recht schnell meine gerade Linie beim Grätschengang und hatten so wesentlich mehr Spaß daran.

Vielleicht kennen Ihre Teilnehmer selbst Übungen, auf die man die Symbolik des Transfers übertragen kann.

Auf dem Markt gibt es mittlerweile eine bald unüberschaubare Vielfalt von Energieaufbauübungen. Lassen Sie Ihre Fantasie schweifen, während Sie sie durchlesen: Bei welchen Übungen lässt sich das Thema Transfer integrieren?

Praktische Erfahrungen

Energieaufbauübungen gehören für mich zum ständigen Repertoire und ich habe damit sehr gute Erfahrungen gemacht. Ich reflektiere sie eher selten und verlasse mich auf das unbewusste Verdauen.

Inneres Team

Kurzbeschreibung

Das »innere Team« oder die »inneren Stimmen« eines jeden Teilnehmers zum persönlichen Transfer aktivieren und mit ihnen verhandeln.

Ziel

Bewusstes und kreatives Umgehen mit den persönlichen inneren Zweifeln, besseres Verständnis für sich selbst entwickeln. Integration.

Gruppengröße

Vierergruppen.

Dauer

Je Teilnehmer 30 Minuten.

Material

Zwei Stühle.

Metapher

Volksweisheit: »Zwei Herzen schlagen, ach, in meiner Brust«.

Ablauf

Bevor Sie mit dieser Übung beginnen können, benötigen Sie erst einmal ein inneres »Ja« Ihrer Teilnehmer zu diesem Modell. Vielleicht stellen Sie es so vor:

> *»Sie kennen vielleicht die Volksweisheit ›Zwei Herzen schlagen, ach, in meiner Brust‹ oder den Ausspruch ›Die zwei Seiten einer Medaille‹ oder ›Ich fühle mich zerrissen, einerseits und andererseits‹. Ich glaube, dass es eine ganz natürliche menschliche Erfahrung ist, dass sich in bestimmten Situationen in uns zwei oder vielleicht mehrere innere Stimmen melden, die oft ganz verschiedene Dinge wollen. ›Einerseits habe ich Lust, heute Abend ins Kino zu gehen, andererseits möchte ich es mir aber bequem machen und endlich mal die Füße hochlegen.‹ Vielleicht haben Sie selbst schon solche Selbstgespräche geführt und etwas innerlich abgewogen.«*

Sie können es an den Gesichtern der Teilnehmer erkennen, ob sie dieser Annahme zustimmen. Fragen Sie aber zusätzlich noch ein oder zwei Teilnehmer, damit dieses »Ja« innerhalb der Gruppe auch ausgesprochen wird.

»Wie lässt sich nun mit dieser Erfahrung konstruktiv umgehen? Man kann sich vorstellen, dass diese inneren Stimmen Teilpersönlichkeiten oder Mitglieder eines inneren Teams sind, die in uns wirken. Wann immer wir etwas tun, so melden sich diese inneren Teammitglieder zu Wort. Ihre Positionen können ganz unterschiedlich sein, je nachdem, welches Thema gerade ansteht, welche Rolle Sie gerade einnehmen oder in welcher Stimmung Sie sich gerade befinden. Und diese inneren Teammitglieder sind bei jedem verschieden, sie haben sich in uns aus den vielen Lebenserfahrungen heraus geformt.

Bei dem Beispiel, ob man am Abend ins Kino gehen möchte, könnten sich vielleicht folgende Teammitglieder melden: ›Der Neugierige‹, der über den Film schon viel gehört hat und ihn nun endlich einmal selbst sehen will, damit er mitreden kann. Dieses Mitglied möchte vielleicht sicherstellen, dass das Leben bunt und ereignisreich ist. Dafür ist der Kinobesuch genau das Richtige. Die andere Stimme kann vielleicht ›Der Faulenzer‹ sein, der davon spricht, dass man schon die ganze Woche unterwegs war und noch keine Gelegenheit hatte, einfach einmal abzuschalten. Der dafür sorgen möchte, dass Sie immer bei Kräften bleiben. Das geht eben nur, wenn Sie sich auch mal entspannen. Und genau das ist heute angesagt. Diese beiden Teile können dann einen inneren Dialog führen.

Und vielleicht wird es ähnlich sein, wenn Sie an die Umsetzung Ihres Transfers/persönlichen Vorhabens denken. Welche beiden Stimmen melden sich da in Ihnen? Sind es vielleicht auf der einen Seite Teammitglieder wie ›Der Experimentierfreudige‹, ›Der Leistungsorientierte‹, ›Der nach Anerkennung Suchende‹ und auf der anderen Seite Mitglieder wie ›Der Konservative‹, ›Der Kritiker‹ oder ›Der Vorsichtige‹. Das wird bei jedem von Ihnen verschieden sein. In der Regel nehmen wir diesen inneren Dialog parallel wahr und nicht jede einzelne Stimme für sich getrennt. Deshalb fehlt uns oft die Klarheit und der Überblick, um mit diesen Teammitgliedern konstruktiv umgehen zu können.

In der Übung, die Sie jetzt durchführen können, haben Sie die Möglichkeit, mit Ihren inneren Teammitgliedern einmal einen ganz anderen, neuen Kontakt aufzunehmen. Das wird folgendermaßen funktionieren: Bilden Sie bitte gleich Vierergruppen. Nehmen Sie sich zuerst dafür Zeit, dass jeder jene beiden maßgeblichen Teammitglieder findet, die für den Transfer zuständig sind. Das eine Teammitglied, das eher den Transfer fördert, das andere, das ihn eher erschwert. Tauschen Sie sich bitte in Ihrer Gruppe über Ihre gefundenen Mitglieder aus, sodass Sie darüber schon einmal Kontakt zu Ihren inneren Stimmen aufnehmen können. Und geben Sie den inneren Stimmen unbedingt einen charakteristischen Namen, damit Sie sie direkt ansprechen können. Dann beginnt der Erste von Ihnen zwei aus der Gruppe auszuwählen, die diese beiden Mitglieder darstellen sollen. Dann weisen Sie diese in ihre Rollen ein. Was müssen die beiden wissen, damit sie die beiden Teammitglieder repräsentieren können? Wozu sind sie jeweils da, was stellen sie sicher, was tun sie, was sind ihre guten Absichten? Sie brauchen nur eine kurze Einstimmung, alles andere wird sich aus dem Dialog heraus ergeben. Es geht nicht darum, alles genau abzubilden, es kann ruhig hier und da etwas Fantasie dazukommen. Für den, dessen innere Teammitglieder hier dargestellt werden, soll dieses Gespräch Anregungen und neue Ideen geben.

Achten Sie jedoch unbedingt darauf, dass die beiden Teile sich würdigen, weil jeder für sich seine gute Absicht hat. Geben Sie ihnen die Möglichkeit, sich konstruktiv miteinander auszutauschen. Genau darauf sollte der Vierte in der Gruppe achten.

Zwei Punkte sind in diesem Gespräch wichtig: Erstens: Was sind die guten Absichten der beiden Stimmen? und zweitens: Lassen Sie die beiden Mitglieder Lösungen finden, in denen die positiven Absichten berücksichtigt werden. Und verabschieden Sie die beiden Stimmen am Ende des Gespräches. Tauschen Sie sich anschließend über die Erfahrungen und neuen Erkenntnisse in der Gruppe aus. Dann können Sie die nächste Runde eröffnen.«

Im Plenum sollten Sie dann aufkommende Fragen klären. Geben Sie den Teilnehmern anschließend Zeit, aus den gemachten Erfahrungen heraus ihr *persönliches Projekt* (⇨ S. 118) eventuell zu verändern.

Variante Sie können diese Übung auch so durchführen, dass der *Teilnehmer selbst seine beiden Teammitglieder darstellt* und selbst mit ihnen in einen Dialog tritt. Dazu benötigen Sie zwei Stühle, die die Teammitglieder symbolisieren und auf die sich der Kandidat abwechselnd setzen kann. Mit folgenden Fragen kann er von einem Gruppenmitglied auf seine inneren Teammitglieder eingestimmt werden:

❖ Hallo, wer bist du?

❖ Was ist deine Aufgabe, was tust du?

❖ Weswegen bist du für … so wichtig, was ist deine gute Absicht für ihn?

❖ Was ist deine Meinung zum Anliegen (Transferanliegen) von …?

❖ Wenn du alles bestimmen könntest, was würdest du tun?

So eingestimmt, kann er abwechselnd auf den Stühlen Platz nehmen und die beiden Stimmen einen Dialog führen lassen. Welche neue Lösung, welchen gemeinsamen Ansatz finden sie?

Schwierigkeiten

Achten Sie unbedingt darauf, dass die Teammitglieder gewürdigt werden. Sie alle haben eine gute Absicht, die allerdings manchmal aus einer anderen Zeit oder einem anderen Kontext stammt. Diese nicht zu würdigen, wäre ein wirklich fataler Fehler. Weisen Sie Ihre Teilnehmer unbedingt darauf hin, jede Stimme angemessen zu Wort kommen zu lassen und für jede Stimme Verständnis zu zeigen. Diesen Hinweis sollten Sie mehrmals wiederholen.

Mit der Akzeptanz des Modells des inneren Teams von Schulz von Thun werden Sie wahrscheinlich keine Schwierigkeiten bekommen. Eine wichtige Voraussetzung ist allerdings ein bestimmtes Maß an Vertrauen in der Gruppe.

Bemerkungen

Mit diesem Modell lässt sich sehr tief greifend, sehr intensiv an einer Person arbeiten. Das ist in dieser Übung nicht das Ziel! Es soll hier lediglich um Teammitglieder gehen, die förderlich bzw. hinderlich für das *persönliche Vorhaben* bzw. den Transfer sind.

Wenn Sie die Übung stärker strukturieren wollen, dann können Sie für die Interviews Fragen schriftlich vorgeben, die den Teammitgliedern gestellt werden können oder sollen.

Es wird für die Teilnehmer sehr hilfreich sein, diese Übung einmal im Plenum vorgeführt zu bekommen.

Zum besseren Verständnis dieser Methode empfehle ich die Lektüre des Buches »Miteinander reden 3« von Friedemann Schulz von Thun.

Praktische Erfahrungen

Ich arbeite sehr gern mit diesem Modell. Es ist einfach, sehr pragmatisch und es funktioniert. In kurzer Zeit lässt sich damit in angemessener Tiefe Selbstklärung durchführen. Indem Sie die beiden Stimmen von zwei anderen Teilnehmern darstellen lassen, wirkt die Übung sehr anregend, da sich die Teilnehmer einmal aus einer anderen Perspektive wahrnehmen. Während des Zuhörens entstehen viele neue Ideen, wie mit sich und der Situation besser umgegangen werden kann.

Anliegenarbeit

Kurzbeschreibung	**Eine konkrete Fallarbeit im Seminar durchführen.**
Ziel	Das bearbeiten, was wirklich relevant ist, Erhöhung der persönlichen Betroffenheit.
Voraussetzung	Vertiefte Kenntnisse der Kommunikationspsychologie und Erfahrungen in der Fallarbeit.
Gruppengröße	Gruppen von sechs bis acht Teilnehmern.
Dauer	Je Anliegen ungefähr zwei Stunden.
Material	Moderationsmaterial.
Metapher	»Der heiße Stuhl«.
Ablauf	Das Konzept der Anliegenarbeit ist von Friedemann Schulz von Thun erarbeitet worden. Es handelt sich dabei um ein zielorientiertes Konzept zur Bearbeitung von persönlichen Problemen mit Hilfe erlebnisaktivierender Methoden. Das Ziel ist, dass derjenige, der ein Anliegen hat (Protagonist) aktiviert wird, eigene Lösungsideen zu entwickeln anstatt vorgefertigte Lösungen als Ratschläge übergestülpt zu bekommen.

Ich stelle hier lediglich die wichtigsten Eckpfeiler dieses Konzeptes vor, das Schulz von Thun in seinem Buch »Praxisberatung in Gruppen«, erschienen im Beltz Verlag, ausführlich beschrieben hat. Ich möchte hier nicht das Buch wiederholen, sondern Ihnen Appetit machen. Hier nun die wesentlichen Schritte:

Das Anliegen erheben

Der Teilnehmer schildert sein Problem. Daraus wird ein Anliegen formuliert, das folgende Kriterien berücksichtigt:

❖ Das Anliegen ist als offene Frage formuliert.
❖ Es ist in der Ich-Form verfasst.
❖ Es enthält eine positive Zielrichtung.
❖ Das Ziel muss eigenständig erreichbar sein und damit möglichst unabhängig von anderen.

Durch ein Hebammengespräch (gegenseitiges aktives Zuhören in Zweiergruppen) oder durch das Zeichnen eines Bildes nach folgendem Schema: Überschrift, systemischer Kontext, konkrete Schlüsselsituation, innere Situation und Problem wird das eigentliche Anliegen aufgedeckt.

Das Anliegen bearbeiten

Jeder Teilnehmer bewertet die Bedeutung seines Anliegens auf einer Skala von 0 bis 100. Der Teilnehmer mit der höchsten Bewertung beginnt.

Phase 1 – Bericht des Protagonisten

Der Teilnehmer schildert seine Situation. Der Trainer protokolliert das auf einem Flipchart mit. Dabei wird sowohl der äußere Kontext (Einbindung in die Hierarchie, bildliche Darstellung der Beteiligten usw.) skizziert als auch der innere Kontext (Aufstellung des *Inneren Teams* ⇨ S. 97 zum Anliegen).

Phase 2 – Erlebnisaktivierende Methoden

Anschließend schlägt der Trainer eine stimmige erlebnisaktivierende Methode vor, mit der das Anliegen bearbeitet werden kann. Zum Beispiel:

❖ Inszenierung der Situation. Der Protagonist kann sich selbst beteiligen oder sich diese vorspielen lassen.
❖ Aktivierung aller vier Seiten des Kommunikationsmodell (Sache, Appell, Beziehung, Selbstkundgabe).
❖ Lösungsvorschläge der Gruppe sammeln und auf den Protagonisten zuschneiden.
❖ Schlüsselsätze von den Beteiligten am Anliegen finden lassen.
❖ Persönliche Bedürfnisklärung.
❖ Klärung des *Inneren Teams* (⇨ S. 97).
❖ Neue Sichtweisen einbeziehen (»Was würde Ihnen Ihr Kind raten?«).

❖ (Mehrmaliger) Rollenwechsel. In die Sicht des anderen gehen.
❖ Rosskur (schlimmste Situation mehrmals durchexperimentieren).
❖ Übertragungen aufdecken.
❖ Doppeln, die Gefühle und wahren Bedürfnisse als Hypothesen in der Ich-Form aussprechen. Usw.

Phase 3 – Austausch in der Gruppe
In den ersten beiden Phasen stand nur der Protagonist im Zentrum. Jetzt hat die ganze Gruppe Gelegenheit, ihre (subjektiven) Wahrnehmungen mitzuteilen. Die Rückmeldungen können als vierfaches, quadratisches Feedback (*Praxisbegleitung* ⇨ S. 181) durchgeführt werden.

Phase 4 – Theoretische Einordnung und Generalisierung
Durch die entstandene Betroffenheit ist die Aufnahmebereitschaft für modellhafte Erklärungen besonders groß. Kann das, was in der Anliegenbearbeitung aufgedeckt worden ist, kommunikationspsychologisch erklärt werden (zum Beispiel durch das Kommunikationsquadrat oder dem Modell des Teufelskreises, in dem jedes Verhalten die Situation scheinbar unentrinnbar zuspitzt anstatt sie zu entschärfen)?

Variante

Schlagen Sie in der zweiten Phase drei Methoden vor und lassen Sie den Protagonisten eine davon auswählen.

Schwierigkeiten

Um die Anliegenarbeit durchzuführen, benötigen Sie ein großes Methodenspektrum und Erfahrungen, prozesshaft zu arbeiten.

Anmerkungen

Literaturempfehlung: Schulz von Thun »Miteinander reden 1 bis 3« und »Praxisberatung in Gruppen«.

Praktische Erfahrungen

Jeder Mensch und jeder Kontext ist einmalig. Es gibt nicht »die Lösung«, sondern nur Neugierde und Überraschung, welche Lösungsansätze dafür bereits im Protagonisten schlummern. Der Reiz und die Herausforderung dieser Methode liegen meiner Ansicht nach darin, sich auf diese Offenheit einzulassen und durch die Genauigkeit und Tiefe der Anliegenarbeit die Ressourcen des Protagonisten zu aktivieren. In meiner Trainerpraxis entferne ich mich immer mehr von »vorgefertigten« Übungen und wende mich mehr der situativen Bearbeitung zu. Meine eindeutige Erfahrung dabei ist, dass die Betroffenheit und die Bereitschaft, neues Verhalten auszuprobieren, steigt.

Glaubenssätze

Kurzbeschreibung	**Die auf die Arbeit bezogenen einschränkenden persönlichen Glaubenssätze werden bewusst gemacht und passend zum Zusammenhang und der Person so verändert, dass der Transfer erleichtert wird.**
Ziel	Verständnis für sich selbst fördern. Persönliche Selbstklärung hinsichtlich Arbeit und Transfer.
Voraussetzung	Um an Glaubenssätzen in dieser Tiefe arbeiten zu können, sollten Sie sich intensiv mit diesem Thema auseinander gesetzt und eigene Erfahrungen gesammelt haben.
Gruppengröße	Dreiergruppen und Plenumsarbeit.
Dauer	Mehrere Stunden.
Material	Kein besonderes.
Metapher	Der Glaube an den Klapperstorch oder den Weihnachtsmann (Bis wann war er wozu hilfreich?).
Ablauf	Bevor Sie mit dieser Übung beginnen, benötigen die Teilnehmer eine Vorstellung davon, was Glaubenssätze sind. Eine weitere Erklärung finden Sie auch in dem Kapitel »Worauf es noch ankommt – Die innere Haltung des Trainers« (⇨ S. 18).

Einstimmung
Sie können die Teilnehmer auf diese Übung mit den folgenden Worten einstimmen:

»Mit Hilfe unserer Glaubenssätze können wir uns in der Welt orientieren. Durch sie wissen wir, was für uns möglich ist und was nicht. Glaubenssätze sind persönliche Regeln, Grundannahmen, Postulate oder persönliche Definitionen, wie das Leben und die Welt funktionieren. Sie bestimmen unser Verhaltensrepertoire und unsere innere Stimmung. Einige erweitern, andere schränken unsere Möglichkeiten ein. Oft sind es während der Kindheit immer wieder gehörte Ermahnungen oder Erfahrungen, die uns geprägt haben, Erlebnisse aus der Schulzeit, Sprüche, die wir übernommen haben oder offizielle bzw. inoffizielle Regeln aus der Arbeitswelt. Das Charakteristische an ihnen ist, dass sie oft auf alles übertragen werden oder an bestimmte Rollen geknüpft sind. Ich möchte Ihnen das an einem Beispiel aus der Arbeitswelt verdeutlichen. Ein Mitarbeiter könnte äußern, dass er über Seminare in einem Satz ausgedrückt folgendermaßen denkt: ›Weiterbildung fördert meine Karriere‹. Dieser Satz kann durch häufig bestätigte Erfahrungen entstanden sein: Im Kollegenkreis wird darüber gesprochen, der Vorgesetzte interessiert sich für Aktivitäten in dieser Richtung und spricht es vielleicht auch offen an. Mit solch einem Satz werde ich entsprechend motiviert und experimentierfreudig an die Umsetzung von Neuem herangehen. Und wahrscheinlich werde ich über meine Erfahrung auch offen mit anderen Kollegen kommunizieren.

Ein anderer Glaubenssatz, der eher einschränkend ist, könnte so lauten: ›Für meine Veränderungen interessiert sich niemand in meiner Firma.‹ Dieser Satz kann aus ganz anderen Erfahrungen heraus geboren worden sein: Über die besuchten Fortbildungen wird nicht gesprochen, vielleicht eher im Kollegenkreis gefrotzelt. ›Na, wieder auf Urlaub gewesen?‹ In solch einer Atmosphäre und mit diesem Satz in uns fällt eine Umsetzung von Neuem natürlich wesentlich schwerer. Dieser Satz schränkt eher ein. Ein Mensch mit solchen Erfahrungen muss die ganze Motivation aus sich selbst heraus holen. Von außen wird er kaum unterstützt.«

Zur weiteren Einstimmung macht es Sinn, noch einige Beispielsätze im Plenum zu sammeln. Spekulieren Sie gemeinsam kurz darüber, auf welchen konkreten Erfahrungen die Glaubenssätze beruhen können und ob diese eher erweiternden oder einschränkenden Charakter haben.

Herausarbeiten der einschränkenden Glaubenssätze

Anschließend bilden die Teilnehmer Dreiergruppen. Ziel der Gruppenarbeit ist, dass jeder für sich einen persönlichen einschränkenden Glaubenssatz aufspürt. Dieser Satz sollte den Charakter haben, eine Umsetzung in die Praxis eher zu erschweren. Er kann mit den konkreten Erlebnissen am Arbeitsplatz zu tun haben, aber auch aus anderen Erfahrungen heraus resultieren. Jedes Gruppenmitglied wird zu diesem Zweck von den beiden anderen interviewt. Was hindert ihn daran, etwas im Arbeitsalltag zu verändern? Welche Konsequenzen fürchtet er? Was könnte schlimmstenfalls passieren? Mit welchen Glaubenssätzen könnte das zusammenhängen? Die beiden Gesprächspartner überprüfen durch Nachfragen und durch eventuelle eigene weitere Vorschläge, welcher Satz für den Teilnehmer am stimmigsten ist und »Kraft« hat.

Überprüfen der Sätze im Plenum

Diese Sätze werden anschließend im Plenum vorgestellt und bei Bedarf noch weiter konkretisiert. Zum Beispiel sollten Sie einen sehr allgemeinen Satz wie »Alles ist schwer!« hinterfragen. »Was ist für Sie schwer?«, »Dass ich beobachtet werde, wie ich Neues ausprobiere.« »Und was ist daran so schlimm?« »Dass andere bemerken, wie unsicher ich bin.« »Hm, also könnte der Satz vielleicht auch heißen: ›Ich darf meine Unsicherheit nicht zeigen,‹ oder ›Ich muss immer perfekt sein.‹« »Nein, eher ich darf mir keine Blöße geben.« »O.k., dann ist das Ihr Satz: ›Ich darf mir keine Blöße geben.‹« Je treffender die Sätze formuliert sind und je mehr subjektive Kraft sie für den Teilnehmer haben, desto effektiver wird diese Übung sein.

Herausfinden des neuen unterstützenden Glaubenssatzes

Anschließend gehen die Teilnehmer wieder in ihre Dreiergruppen zurück und entwickeln aus dem einschränkenden Glaubenssatz einen neuen, erweiternden Glaubenssatz. Als erster Schritt muss der ursprüngliche Nutzen, die positive Absicht des einschränkenden Satzes erkannt werden. Zu welchem Zweck ist dieser Satz entstanden? Weshalb ist er zum Leben erweckt worden? Im Beispiel oben (»Ich darf mir keine Blöße geben.«) kann es die Sicherstellung von Anerkennung gewesen sein. Wenn der Teilnehmer selbst keinen versteckten Nutzen findet, können die anderen Gruppenmitglieder ihm so lange Angebote unterbreiten, bis eine passende Idee dabei ist.

Der neue Glaubenssatz muss diesen Nutzen berücksichtigen. Und der neue Satz darf keinen zu großen Veränderungssprung im Vergleich mit dem einschränkenden Satz aufweisen. Im Beispiel oben kann folgender angemessene Schritt möglich sein: »Fehler zugeben, kann auch Anerkennung bringen« oder »Fehler sind menschlich«. Eher zu große Veränderungen verbergen sich in Sätzen wie »Ich kann mich so zeigen, wie ich bin.« oder »Ich bin unabhängig von der Meinung anderer.«

Wesentliche Kriterien für die neuen Glaubenssätze sollten sein:

❖ Die Veränderungsgröße sollte angemessen sein. (Keine zu große Herausforderung darstellen.)
❖ Der Satz soll ohne Vergleiche formuliert sein. (Nicht: besser als.)
❖ Er ist auf den Teilnehmer selbst bezogen oder hat allgemeinen Charakter. (Nicht: Die anderen akzeptieren mich so wie ich bin.)
❖ Er sollte kurz und knapp sein.
❖ Er muss positiv formuliert sein. (Keine Verneinungen enthalten.)
❖ Er muss für den Teilnehmer subjektiv Kraft ausstrahlen.

Überprüfen der neuen Sätze im Plenum
Diese Sätze werden im Plenum überprüft und eventuell weiter optimiert. Wenn Sie das Gefühl haben: »Da stimmt noch etwas nicht«, dann fragen Sie nach oder lassen Sie die anderen Teilnehmer Angebote machen.

Integration der neuen Sätze in die Praxis
Diese neuen Sätze sind wirkungsvolle persönliche Begleiter. Um sie innerlich tiefer zu verankern, schreiten die Teilnehmer zusammen mit ihrem neuen Glaubenssatz in die Zukunft. Räumen Sie dazu eine größere Fläche im Seminarraum frei, damit sich alle Teilnehmer parallel aufstellen und 10 bis 20 Schritte Platz vor sich haben.

Jeder Teilnehmer legt eine Metaplankarte mit dem Wort »Zukunft« in angemessener Entfernung vor sich auf den Boden. Führen Sie die Teilnehmer mit Ihrem Glaubenssatz in die Zukunft:

> *»Du hast dir Zeit gelassen, dich mit deiner inneren Wirklichkeit auseinander zu setzen. Du hast einen bedeutungsvollen Satz gefunden, der dich in der Vergangenheit in vielen Situationen eher eingeschränkt hat. Und du hast einen neuen Satz, eine neue Haltung oder eine innere Überzeugung für dich gefunden, die dein Leben zum Positiven verändern kann. Stell dir deinen neuen Glaubenssatz innerlich vor. Welches Symbol verbindest du mit diesem Satz? Oder welche Farbe? Wenn du ein Symbol*

> *oder eine Farbe für dich gefunden hast, dann lass dich ganz davon durchströmen, lass es zu einem inneren Bild werden, das jede Körperzelle ausfüllt.*
>
> *Mit dem Wissen, dass dieser neue Glaubenssatz in dir wirkt, kannst du jetzt Schritt für Schritt in die Zukunft gehen. Was wird sich für dich, wenn dieser Satz in dir lebt, bereits morgen verändern, beruflich oder privat?*
>
> *Mit jedem bewussten Schritt wird dir ein weiterer Lebensbereich einfallen, eine mögliche Veränderung begegnen, die dieser neue Satz in dir auslösen wird. Lass dich mit jedem Schritt überraschen, was sich alles in deinem Leben verändert. Schritt für Schritt. In deiner Geschwindigkeit, mit deinen Möglichkeiten, in deiner Vorstellung, in deiner Zukunft.*
>
> *Und wenn du bei deiner Zukunftskarte angekommen bist, dann dreh dich bitte um und schau zurück auf den Weg. Jetzt, da du dich in der Zukunft befindest, kannst du dich fragen: Was habe ich getan, damit dieser Satz in mir Wirklichkeit geworden ist? Wie habe ich sichergestellt, dass dieser Satz wirksam werden konnte? Was habe ich unternommen?*
>
> *Gehe nun mit diesem Wissen wieder zurück in die Gegenwart und schreibe auf, was dir begegnet ist und was du tun wirst, um den neuen Satz Wirklichkeit werden zu lassen.«*

Tauschen Sie sich im Plenum darüber aus, welche Möglichkeiten gefunden worden sind, den Satz ins Leben zu rufen. So können sich die Teilnehmer untereinander anregen und vielleicht etwas von den anderen übernehmen. Wird der neue Satz zum Beispiel an einen Spiegel im Bad geklebt und so jeden Morgen erinnert? Oder wird er als Spruch im Büro aufgehängt?

Wird der neue Satz mit einem Symbol verknüpft, das auf dem Schreibtisch seinen Platz findet? Oder wird der Satz mehrfach in den Kalender übertragen oder als Affirmation (Selbstsuggestion) mehrmals am Tag für sich selbst wiederholt?

Varianten

❖ Ist die Zeit eher knapp bemessen, bietet sich eine *Kurzform* an: Der Teilnehmer schildert in seiner Dreiergruppe, warum für ihn der Transfer schwierig ist. Die anderen hören zu und bieten ihm erweiternde Glaubenssätze an. Der Satz, der bei dem Teilnehmer auf die größte Resonanz stößt, wird so lange verändert, bis er den Kriterien für einen unterstützenden Satz erfüllt.

❖ Es können auch die erweiternden bzw. einschränkenden *Glaubenssätze des Unternehmens* herausgearbeitet werden, die auf den Transfer wirken. Dann gilt es, persönliche Sätze zu finden, die es ermöglichen, mit diesen Rahmenbedingungen konstruktiv umzugehen. (Zum Beispiel: »Seminare haben nur Alibicharakter« – neuer Satz dazu »Ich hole für mich das aus dem Seminar, was ich benötige.« Oder »Wer ein Seminar besucht hat, muss alles können.« – neuer Satz dazu »Ich weiß, was für mich möglich ist.«)

❖ Führen Sie eine *Fantasiereise* durch, in der sich die Teilnehmer vorstellen können, was sich alles verändert, wenn der neue Satz 100-prozentige Gültigkeit hat.

❖ Der neue Glaubenssatz kann mit einem *Transfer-Ritual* (⇨ S. 166, zum Beispiel »Die zweite Haut«) verknüpft werden.

Schwierigkeiten

Um mit Glaubenssätzen zu arbeiten, benötigen Sie eigene Erfahrungen und Erlebnisse. Dadurch bekommen Sie die erforderliche Sensibilität für dieses Thema.

Anmerkungen

Diese Übung ist sehr zeitaufwändig und setzt die Bereitschaft zur Arbeit an sich selbst voraus. Angemessen ist sie daher meiner Ansicht nach nur in Seminaren, in denen genügend Zeit vorhanden ist und es auch zum Thema passt. In Seminaren, in denen es um die reine Vermittlung von Fachwissen geht, ist diese Übung daher nicht zu empfehlen.

Praktische Erfahrungen

Glaubenssätze sind ein wirksamer Schlüssel für Veränderungen. Die Arbeit daran kann sehr viel bewegen. Je nach Seminar und Kontext lasse ich den Teilnehmern manchmal bis zu zwei Tagen Zeit, die richtigen Sätze zu finden.

Kontextklärung

Kurzbeschreibung   **Die Kontext- und eventuell die Auftragsklärung wird im Seminar simuliert.**

Ziel   Die Realität der Arbeitspraxis erkennen und besser verstehen. Kreative Ideen für den realistischen Umgang mit der Wirklichkeit finden.

Gruppengröße   Plenum, Kleingruppen.

Dauer   60 Minuten.

Material   Moderationsmaterial, Karten mit den Reflexionsthemen für jede Gruppe.

Metapher   Staubsaugen.

Ablauf   Es werden Dreiergruppen gebildet. Jede Gruppe hat mehrere Karten, auf denen die wesentlichen Faktoren des Arbeitsumfeldes beschrieben sind:

❖ Ausstattung und Gestaltung des Arbeitsplatzes.
❖ Kolleginnen und Kollegen.
❖ Führungskraft.
❖ Gesamtorganisation.
❖ Eventuell Privates, das in den Beruf hineinwirkt.
❖ Die eigene Rolle.

Diese Karten werden jeweils um eine Karte herum ausgelegt. Die Karte in der Mitte steht für den Transfer oder das persönliche Vorhaben. Jeder Teilnehmer schreitet dann nacheinander die Karten des Arbeitsumfeldes ab. Aus den einzelnen Positionen heraus überlegt er, was transferfördernd und was eventuell transferhindernd sein könnte. Die anderen beiden Teilnehmer unterstützen ihn dabei durch Nachfragen. Alle Ergebnisse werden auf Karten notiert und zu jedem Punkt gesammelt. Alle Sichtweisen werden so nacheinander durchgegangen und auf transferfördernde und -hindernde Faktoren überprüft. Besondere Beachtung können dabei die offenen und verdeckten Spielregeln (Glaubenssätze der Kollegen, der Vorgesetzten und der Gesamtorganisation) erfahren. Je nachdem, wie tief Sie die Teilnehmer in die Kontextklärung einsteigen lassen wollen, können Sie diese Fragestellung in den Vordergrund rücken. Hilfreich dafür ist auch die Übung *Wirklichkeitserkundung* (⇨ S. 113).

In der Position »Die eigene Rolle« kann hinterfragt werden, welche Rolle man selbst in Zusammenhang mit dem Transfer einnimmt und ob diese Rolle für das gesamte System hinderlich oder förderlich ist. Weitere Anregungen finden Sie dazu im Kapitel »Und was sagen die anderen dazu – Der Kontext« (⇨ S. 24).

Nachdem jeder Teilnehmer alle Komponenten durchgegangen ist, werden die transferverhindernden Faktoren bearbeitet. Sie werden zuerst in zwei Gruppen aufgeteilt: Welche Faktoren können verändert werden und welche nicht? Bei den veränderbaren werden Maßnahmen diskutiert, was konkret getan werden kann. Bei den nicht veränderbaren Faktoren werden Strategien überlegt, wie damit umgegangen werden kann.

Alle nicht gelösten Fragen werden gemeinsam im Plenum bearbeitet. Als Methode bietet sich dafür entsprechend abgewandelt die *Einwandbehandlung* (⇨ S. 80) an.

Varianten

❖ Bei den hinderlichen Faktoren können zusätzlich die möglichen (verdeckten) *positiven Absichten* aufgedeckt und in die Maßnahmen integriert werden.

❖ Aus der Position der Führungskraft kann auch die *Auftragsklärung* mit der Führungskraft »nachgeholt« werden. Die Fragen dazu finden Sie in der Beschreibung der *Auftragsklärung* (⇨ S. 34).

❖ Die Teilnehmer beschreiben ohne Bewertungen die einzelnen Positionen. Die anderen *Teilnehmer fantasieren* anschließend mögliche *Schwierigkeiten* dazu. Dadurch können Problempunkte aufgedeckt werden, die der Teilnehmer selbst aus seiner Innensicht gar nicht erkennt. Anschließend kann er noch Schwierigkeiten aus seiner Sicht hinzufügen. Die weitere Bearbeitung erfolgt wie oben beschrieben.

Schwierigkeiten

Achten Sie darauf, dass die Teilnehmer die Position körperlich und sprachlich einnehmen. In der Rolle als Führungskraft äußert sich der Teilnehmer so, als wenn er diese Person wäre.

Anmerkungen

Da selbst äußerst viel versprechende Vorhaben am Umfeld scheitern können, ist es wichtig, auf die einzelnen Faktoren ein besonderes Augenmerk zu richten. Eine realistische Einschätzung ist dabei unerlässlich.

Praktische Erfahrungen

Das körperliche Einnehmen von Positionen erhöht die Identifikation mit den Faktoren. Ich erlebe es immer wieder neu, um wie viel intensiver und betroffener die Aussagen aus eingenommenen Positionen statt zum Beispiel vom Stuhl aus im Plenum sind.

Wirklichkeitserkundung

Kurzbeschreibung

Ein Glaubenssatz zum Thema Transfer wird rollierend durch das ganze Plenum gesandt und kann bei jeder Weitergabe aktiv verändert werden. Es bilden sich dadurch wesentliche Kernaussagen heraus.

Ziel

Die Teilnehmer werden sich gemeinsam der Situation in ihrem Unternehmen bewusst und arbeiten realistische Veränderungsschritte heraus.

Voraussetzung

Diese Übung kann nur in Gruppen durchgeführt werden, die aus einer Abteilung oder einem Unternehmen kommen.

Gruppengröße

Das gesamte Plenum.

Dauer

45 Minuten.

Material

Schreibpapier.

Metapher

Märchen.

Ablauf

Die Wirklichkeitserkundung funktioniert folgendermaßen: Ein Teilnehmer schreibt einen Glaubenssatz zum Thema Transfer, der seiner Meinung nach in seinem Unternehmen gilt, auf ein Blatt Papier und gibt es an den nächsten Teilnehmer weiter. Dieser lässt den Glaubenssatz kurz auf sich wirken und verändert ihn entsprechend seiner persönlichen Wahrnehmung des Unternehmens. Er gibt nur die veränderte Fassung des Satzes an den nächsten Teilnehmer weiter. Auf diese Weise kann eine Annäherung an den tatsächlich wirksamen Glaubenssatz erfolgen.
Zur Einstimmung in diese Übung können Sie etwas über die Metapher »Märchen« erzählen, zum Beispiel:

»Ich möchte Ihnen nun bewusst machen, was Märchen mit der Übung, die wir gleich im Plenum durchführen werden, gemeinsam haben. Wie entstanden Märchen? Irgendwer erfand einmal eine Geschichte, die zumindest so gut gewesen sein muss, dass ein anderer Lust hatte, sie weiterzuerzählen. So wurde sie von einem zum anderen und von Generation zu Generation weitererzählt, wobei sie wohl jedes Mal weiter verändert wurde. Die Menschen ließen Teile weg, die ihnen nicht gefielen, und dichteten Neues hinzu. So passten sie die Geschichte und ihre Figuren sowie die Symbole an ihre eigenen Vorstellungen und ihre Kultur an und formten so eine Geschichte, die ihnen entsprach. Irgendwann wird sie kaum noch verändert. Sie passte einfach. ›Rotkäppchen und der Wolf‹ bleibt ›Rotkäppchen und der Wolf‹. So entfalteten die Märchen im Laufe der Zeit ihre mystische Wirkung, die für gute Märchen so charakteristisch ist. Vielleicht sind deswegen die modernen Märchen noch nicht so kraftvoll, ziehen einen nicht so sehr in den Bann, weil sie noch nicht oft genug weiter erzählt worden sind.«

Nach dieser Einstimmung können Sie mit der eigentlichen Übung beginnen.

»Dieses Prinzip des Anpassens an die eigenen Vorstellungen lässt sich auch für den Transfer gezielt nutzen. Welche Veränderungen auch immer Sie sich in diesem Seminar für Ihren Arbeitsalltag vornehmen werden, Sie müssen sich mit Ihrem Arbeitsumfeld auseinandersetzen. Ihr Umfeld kann Ihr Vorhaben unterstützen oder aber ihm Widerstand entgegensetzen.
Die Entstehungsweise der Märchen lässt sich als Strategie nutzen, um herauszufinden, was Ihnen in Ihrem Unternehmen begegnen wird. Einer von Ihnen wird gleich beginnen und der erste Geschichtenerzähler sein. Natürlich geht es hier nicht um Märchen oder Geschichten, sondern wir wollen die Realität erkunden. Womit sollen Sie also beginnen? Der erste soll sich Gedanken zur Transferkultur in Ihrer Abteilung, in Ihrem Unternehmen machen. Was wird wohl allgemein über das Thema Transfer gedacht? Gibt es da – meist unausgesprochene – Glaubenssätze wie: ›Es ist ja gut, dass Sie auf einem Seminar waren, aber hier geht es um Praxis und nicht um Theorie‹, ›Neues bringt nur alles durcheinander und stört unsere Abläufe.‹, ›Wir wissen aus eigener Erfahrung, wie das hier zu lau-

fen hat.‹ Oder klingen die Überzeugungen eher so: ›Wir sind ständig am Puls der Zeit und nehmen uns daher Zeit, Neues auszuprobieren.‹, ›Stillstand ist Rückschritt.‹, ›Durch offene Aussprache über das, was uns hilft und was uns behindert, können wir immer besser werden.‹ – Dies sind nur einige Beispiele. Sie haben als Organisationseinheit sicher ein gemeinsames Denken, an dem Sie sich bewusst oder unbewusst orientieren. Lassen Sie uns das einmal ausprobieren. Wer möchte beginnen, einen oder mehrere Sätze aufzuschreiben, die seiner Meinung nach in Ihrem Umfeld Gültigkeit im Hinblick auf Transfer haben. Schreiben Sie sie einfach so auf, wie Sie Ihnen spontan in den Sinn kommen, ganz egal, ob es sich um einschränkende oder erweiternde Sätze handelt.

Dann geben Sie das Blatt an Ihren Nachbarn weiter. Dieser liest sich alles durch, lässt sich anregen und verändert die Sätze so, wie sie seiner Meinung nach richtig klingen. Die veränderten Sätze schreibt dieser dann auf ein neues Blatt Papier und gibt nur dieses weiter. Das alte Blatt kann er wieder zurückgeben. Und so geht es einmal die Runde herum: Durchlesen, wirken lassen, verändern und nur das Veränderte weiterreichen. Anschließend schauen wir uns das Endergebnis gemeinsam an. Ich bin gespannt.«

Warten Sie ab, bis das Blatt einmal die Runde gemacht hat. Wer keine Veränderungen hinzufügen möchte, sollte den Satz noch einmal neu schreiben und dann weiterreichen. Analysieren Sie nach vollendeter Runde die letzte Version im Plenum. Ist der Satz eher transferunterstützend oder erschwert er den Transfer? Arbeiten Sie das im Plenum heraus und diskutieren Sie ausführlich. Wahrscheinlich werden die Teilnehmer jeweils Beispiele parat haben, die die Gültigkeit dieser Sätze belegen. Leiten Sie dann die Diskussion in eine konstruktive Phase über: Welche Konsequenzen hat die Existenz dieser Glaubenssätze für die Umsetzung des persönlichen Vorhabens? Muss das Vorhaben auf besondere Art und Weise abgesichert werden, damit es wirklich umgesetzt werden kann? Oder kann es angesichts eventuell aufgedeckter erweiternder Glaubenssätze mutiger als bisher geplant und angegangen werden?

Varianten

❖ Sie können bei Bedarf die Sätze auch *zweimal* kreisen lassen. Verändern Sie allerdings die Sitzordnung, sodass die Nachbarn wechseln.

❖ Steht Ihnen nicht genügend Zeit zur Verfügung oder ist die Gruppe zu groß, so können Sie den ersten Satz auch *von verschiedenen Startpunkten* aus parallel loslaufen lassen.

❖ Wenn Sie die Wirklichkeitserkundung direkt nach der Übung *das persönliche Projekt* (⇨ S. 118) durchführen, können die Teilnehmer wieder in ihre *Kleingruppen* zurückkehren und ihr Vorhaben auf Grund der gefundenen Sätze anpassen.

❖ Die Teilnehmer können sich nach der Übung in Zweiergruppen (Nachbarn) zusammenfinden und sich über die *Unterschiede* auf ihren Zetteln austauschen. Diese Unterschiede werden an der Pinnwand gesammelt und bewertet. So können auch Einzelmeinungen (die durch die Übung aussortiert wurden) herausgehoben und bearbeitet werden.

❖ Greifen Sie die Metapher des Märchens auf. Lassen Sie die Teilnehmer nach der Übung ein *Märchen schreiben*, in dem die aufgedeckte Wirklichkeit die Handlung steuert: »Es war einmal ein Prinz, der kehrte von einem fernen Land (vom Seminar) zurück in die Burg in seinem Heimatland (in seine Firma). Ihm begegnete …«

Schwierigkeiten

Durch diese Übung arbeiten Sie an den Glaubenssätzen der Organisationseinheit. Klären Sie ab, ob die Teilnehmer dazu wirklich bereit sind. Sind die Konsequenzen, die Sätze aufzudecken, zu tragen? Kritisch kann es zum Beispiel werden, wenn im Seminar Vorgesetzte und deren Mitarbeiter gleichzeitig anwesend sind. Natürlich steckt darin auch eine große Chance. Sprechen Sie das an.

Anmerkungen

Es wird wahrscheinlich nicht so schwierig sein, eine Atmosphäre der Neugierde und der Entdeckungslust herzustellen. Diese Übung hat etwas Mystisches. Wenn es Ihrem Stil entspricht, können Sie das symbolisch durch einige Requisiten unterstützen.

Da immer nur ein Teilnehmer aktiv ist, benötigen Sie Konzentration und Geduld im Seminar.

Praktische Erfahrungen

Ich selbst habe mit dieser Methode zum Beispiel meine Definition des Transfers durch drei Gruppen von Trainern wandern lassen. Sie hatte sich stark verändert. Der Teil meiner Definition, dass Transfer auch die persönliche Integration beinhaltet, fiel jedesmal heraus.

Methoden – Zum Abschluss

Persönliche Transfermaßnahme erarbeiten

- ❖ Das persönliche Projekt
- ❖ Optimierung
- ❖ Kollegiale Beratung
- ❖ Pareto
- ❖ Rezeptverschreibung
- ❖ Verhinderungsvertrag

Transfermaßnahme ankern und persönlich integrieren

- ❖ Mensch mach was draus
- ❖ Integration
- ❖ Anker
- ❖ Wanderung
- ❖ Speaker's Corner
- ❖ Das Spalier
- ❖ Das persönliche Erfolgskonto
- ❖ Hochgenuss
- ❖ Transfer-Rituale

Transferorientierter Ausklang

- ❖ Nagel-Methapher
- ❖ Schatzkiste

Das persönliche Projekt

Kurzbeschreibung	**Am Ende des Seminars wird ein realistisches persönliches Vorhaben geplant.**
Ziel	Umsetzung sicherstellen, die Individualität fördern, Einwände berücksichtigen, Motivation steigern.
Gruppengröße	Partnerarbeit und Austausch im Plenum.
Dauer	90 Minuten.
Material	Arbeitsblatt oder *Transferbuch* (⇨ S. 74).
Metapher	Bauplan, Wunschzettel zu Weihnachten.
Ablauf	**Das persönliche Projekt erarbeiten** Am Ende des Seminars werden Projektpatenschaften geschlossen. Wenn bereits Patenschaften bestehen, dann nutzen Sie diese. Die beiden gegenseitigen Paten ziehen sich zurück und bekommen folgende Aufgaben gestellt:

❖ Jeder arbeitet noch einmal für sich heraus, welche wesentlichen Erfahrungen er in dem Seminar gemacht hat. Ist das *Transferbuch* (⇨ S. 74) eingeführt, kann es dazu herangezogen werden.
❖ Die beiden Paten tauschen anschließend ihre Erfahrung noch einmal aus.
❖ Dann kreiert jeder sein persönliches Projekt: Was soll konkret im Alltag umgesetzt werden?

Das Ziel wird anhand folgender Kriterien überprüft und eventuell umformuliert:

❖ Das Ziel sollte selbstständig erreichbar sein, also ohne nicht steuerbare Abhängigkeit von anderen.

❖ Es sollte auch bald erreichbar sein, sonst verebbt die Motivation.

❖ Es muss in einem abgegrenzten Umfeld definiert sein (wo, wann, mit wem, usw.).

❖ Es besitzt konkrete Zielkriterien; ist abhakbar (woran erkennt man genau, dass das Ziel erreicht worden ist?).

❖ Das Ziel ist positiv formuliert (Die Formulierung enthält keine Verneinungen).

❖ Es enthält keine Vergleiche (wie zum Beispiel »besser als«).

Die beiden Paten stellen sich ihre Ziele gegenseitig vor und überprüfen sie anhand dieser Kriterien. Aus diesen Zielen erarbeiten beide Partner wieder jeder für sich die persönlichen Projekte heraus und stellen sie sich gegenseitig vor. Anschließend überlegt sich jeder für den anderen Einwände oder Schwierigkeiten, die bei der Umsetzung des Projektes entstehen können. So kann schnell überprüft werden, ob das persönliche Projekt realistisch ist und damit verwirklicht werden kann. Hat der Partner sofort eine schlüssige Antwort parat oder kommt er ins Grübeln? Ist letzteres der Fall, dann muss das persönliche Vorhaben nochmals verändert werden.

Es werden Termine vereinbart, wann sich die Paten nach dem Seminar gegenseitig anrufen und vom Stand ihres Projektes berichten. Dazu notieren sie jeweils die Vorhaben ihres Paten oder tauschen Kopien aus.

Projekte im Plenum vorstellen
Im Plenum werden die Projekte mit den Zielen jedes Teilnehmers vorgestellt. Das sollte emotional angereichert werden: In der Mitte des Plenums wird ein Ort für den Beginn und das Ende des Seminars sowie für die Praxis definiert. Jeder stellt sich erst einmal auf den Beginn und geht für sich noch einmal schweigend bis zum Ende des Seminars. An diesem Ort verkündet er sein Ziel und sein Projekt. Das Plenum überprüft, ob das überzeugend ausgesprochen worden ist und fordert eventuell noch einmal eine Wiederholung ein, so lange, bis es kraftvoll klingt. Erst dann lässt das Plenum den Teilnehmer mit einem gemeinsamen Wort (»Go« oder »Dann los«) von Klatschen begleitet zum Praxisort gehen.

Kontakte der Paten nach dem Seminar
Die Paten rufen sich zu den vereinbarten Terminen an und berichten über ihre Erfolge. Hat der Pate den Eindruck, dass sein Partner das Ziel erreicht

hat, schickt er ihm ein kleines symbolisches Geschenk – passend zur Art des Projektes oder des Ziels oder zu den am Telefon ausgetauschten Erfahrungen.

Varianten

❖ Zur Einstimmung auf das Projekt können die wesentlichen *Seminarstationen abgeschritten* werden. Dazu stellen sich alle Teilnehmer in einer Reihe mit Richtung zum Fenster (Licht) auf und schreiten in ihrer Geschwindigkeit gemessenen Schrittes die wesentlichen Seminarstationen, die sich als Karten vor ihnen auf dem Boden befinden, noch einmal ab. Während der Übung notieren sie sich auf Metaplankarten, was ihnen wichtig war und welche Erkenntnisse sie gewonnen haben. Diese Schritte kann jeder schweigend für sich oder von Ihnen als Trainer angeleitet gehen.

❖ Sie können sich von Ihren Teilnehmern über die Zielerreichung mit einer *Postkarte* (die eventuell schon im Seminar vorbereitet worden ist) informieren lassen.

❖ Das Abschlussritual kann auch verändert werden: Es gibt ein *Projektgremium*, das sich Ziel und Projekt im Plenum schildern lässt. Wenn es Zweifel an der Umsetzbarkeit hat, kann es diese konkret aussprechen und das Projekt mit neuen Ideen anreichern.

Schwierigkeiten

Die größte Herausforderung beim persönlichen Projekt ist die Motivation des Teilnehmers zu seinem Vorhaben sicherzustellen. Ist sie nicht vorhanden, wird es wahrscheinlich bei einer Absichtserklärung bleiben. Deshalb ist eine *Integration* (⇨ S. 140) des Vorhabens eine weitere wichtige Maßnahme.

Anmerkungen

Bei dem Projekt muss es nicht nur darum gehen, was an Neuem umgesetzt werden soll, sondern genauso gut, was man sein lassen möchte. Weisen Sie darauf hin. Natürlich kann auch die Entwicklung des Projektes ganz auf diesen Punkt hinzielen. Oder gestalten Sie daraus zwei Projekte: Umsetzen – Vermeiden.

Praktische Erfahrungen

Bei der Erarbeitung eines Projektes entstand in meinen Seminaren immer eine hohe Intensität. Wichtig war auch das Vorstellen im Plenum. Es bedeutet, sich öffentlich zu seinem Projekt zu bekennen.

Optimierung

Kurzbeschreibung	**Das persönliche Vorhaben eines jeden Teilnehmers wird nacheinander von jedem Teilnehmer im Seminar verändert und optimiert.**
Ziel	Nutzung des gesamten Potenzials aller Teilnehmer für jeden Teilnehmer.
Voraussetzung	Es gibt ein konkretes, schriftlich ausgearbeitetes Projekt (zum Beispiel: *Das persönliche Projekt* ➭ S. 118).
Gruppengröße	Das gesamte Plenum.
Dauer	60 Minuten.
Material	Kein besonderes.
Metapher	Die Heiligen Drei Könige bringen aus ihren Ländern eine Besonderheit mit.
Ablauf	Alle Teilnehmer sitzen im großen Kreis zusammen. Führen Sie die Aufgabe mit folgenden Worten ein:

»*Jeder hat für sich sein persönliches Vorhaben gefunden und beschrieben. Und Sie haben Ideen dazu, wie Sie es umsetzen werden. Die Frage ist, welche Ideen, Anregungen und Erfahrungen hier in dieser Runde vorhanden sind, die Ihr Vorhaben zusätzlich bereichern können. Es wäre schade, diese nicht zu nutzen. Vielleicht hat einer schon ähnliche Erfahrungen gesammelt und könnte Ihnen weitere Tipps geben, vielleicht würde ein anderer Ihre Formulierung verbessern, an Stellen, die Ihnen selbst gar nicht aufgefallen sind. Ein Dritter bereichert Ihr Vorhaben möglicherweise mit einem wichtigen Spruch, einem Leitgedanken, der Sie bei der Umsetzung begleiten kann oder fügt einen ganz neuen Gedanken hinzu, der Zusätzli-*

> *ches in Bewegung bringt. Manches davon wird zu Ihnen passen, anderes nicht. Die Wahl liegt bei Ihnen.*
>
> *Um nun unser gesamtes gemeinsames Potenzial zu nutzen, schlage ich Ihnen Folgendes vor: Wir lassen jedes Vorhaben von Hand zu Hand wandern. So kann jeder hineinschauen und seine Anregungen, Ideen oder Veränderungsvorschläge dazu schreiben. Grübeln Sie nicht lange darüber nach, was Sie ergänzen könnten, sondern kommentieren Sie intuitiv. Für jedes Vorhaben haben Sie fünf Minuten Zeit. Ich werde dann ein Zeichen geben und Sie reichen es nach rechts weiter. So lange, bis Sie Ihr eigenes Vorhaben wieder in Händen halten, bereichert mit (die Zahl der Teilnehmer nennen) neuen Sichtweisen.*
>
> *Nun kann es losgehen. Überreichen Sie Ihr Vorhaben also Ihrem rechten Nachbarn.«*

Lassen Sie nach dieser Runde jedem Zeit, sich die Vorschläge anzuschauen und eventuell Verständnisfragen zu stellen.

Variante

Wenn Ihnen ein gesamter Kreislauf zu lang erscheint, kann das Blatt auch jeweils dem *übernächsten Teilnehmer* oder im zufälligen Austausch einem anderen übergeben werden.

Schwierigkeiten

Das persönliche Vorhaben wird durch diese Übung allen zugänglich gemacht. Bereits beim Ausarbeiten des *persönlichen Projekts* (⇨ S. 118) muss darauf hingewiesen werden. Notizen, die nicht öffentlich sein sollen, können auf ein gesondertes Blatt geschrieben werden.

Anmerkungen

Lassen Sie im Hintergrund leise klassische Musik, vielleicht von J. S. Bach, laufen, um den Ideenreichtum anzuregen.

Praktische Erfahrungen

Die Übung ist eine abgewandelte Form der 5-3-2-Kreativitätstechnik. In kurzer Zeit entstehen zahlreiche nützliche Anregungen.

Kollegiale Beratung

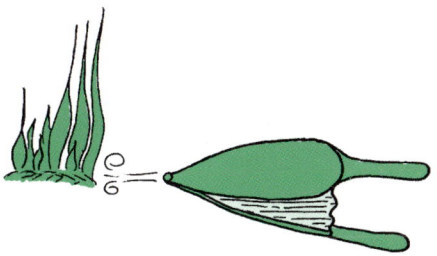

Kurzbeschreibung	**In einer Kleingruppe wird für jeden Teilnehmer ein Projekt zur Transfersicherung geplant. Während dieser Planung hört der Beteiligte nur zu.**
Ziel	Neue Sichtweisen auf den eigenen Transfer und die eigene Praxissituation erhalten.
Gruppengröße	Vier bis fünf Teilnehmer.
Dauer	30 Minuten für jeden Teilnehmer.
Material	Moderationsmaterial.
Metapher	Unternehmensberatung, Gutachtenerstellung.
Ablauf	In einer Kleingruppe wird jeweils ein Teilnehmer (der Klient) zu seinem Transferanliegen befragt und dann von der Gruppe ein konkreter Umsetzungsplan erstellt. Das kann folgendermaßen ablaufen:

1. Die Reihenfolge (wer ist wann Klient) und die Beratungszeit (20 bis 30 Minuten) werden festgelegt.
2. Der Klient schildert kurz sein Arbeitsumfeld und wie sich eventuell existierende Schwierigkeiten bemerkbar machen. Dann definiert er noch einmal sein Seminarziel. Es können Verständnisfragen gestellt werden, es soll jedoch keine Diskussion entstehen.
3. Anschließend trägt der Klient vor, was er auf welche Weise nach dem Seminar umsetzen möchte und mit welchen Problemen er sich dabei konfrontiert sieht. Wieder können Verständnisfragen gestellt werden.
4. Die Berater tauschen jetzt untereinander Ideen aus, was bei einem Transferprojekt unbedingt berücksichtigt werden muss, damit es erfolgreich sein kann. Um welche Schwierigkeiten handelt es sich, welche Faktoren müssen berücksichtigt werden? Sie sollten auf den inneren (die Person

betreffend) und den äußeren (das Umfeld betreffend) Kontext eingehen. Während dieser Phase hört der Klient nur zu und lässt sich vom Gespräch anregen. Er kann sich Notizen machen.

5. Der Klient gibt eine kurze Stellungnahme zur Diskussion ab. Was hat ihn besonders angesprochen, welche neuen Sichtweisen haben sich ihm aufgetan?

6. Die Berater entwickeln jetzt gemeinsam ein Transferprojekt für den Klienten. Dabei berücksichtigen sie die Fakten, die sie unter Punkt 4 und 5 gefunden haben. Auch in dieser Phase hört der Klient lediglich zu.

7. Die Berater stellen ihrem Klienten das konkrete Transferprojekt vor.

8. Der Klient nimmt dazu Stellung. Was ist ihm durch diesen Prozess klar geworden? Er kann das Projekt so übernehmen, wie es ihm präsentiert worden ist oder kann es nach seinen Bedürfnissen verändern.

9. Bei einer Veränderung durch den Klienten treten die Berater eventuell in eine kurze Verhandlung ein. Kann das Projekt aus ihrer Sicht so wirklich umgesetzt werden?

10. Die Berater schreiben das Projekt konkret auf und überreichen es dem Klienten.

Dann werden die Rollen getauscht und der Vorgang wiederholt.

Varianten

❖ Die Berater können mit ihrem Klienten *Rückfragetermine* vereinbaren, wie und auf welchem Weg sie von der Umsetzung des Projektes erfahren.

❖ Um die Beratersituation *besser zu simulieren*, können sich zuerst nur die Berater zusammenfinden. Sie können sich in Ruhe organisieren und ihre Strategien noch einmal absprechen. Die Klienten warten und werden dann in die Gruppen gerufen. Nach dem Abschluss einer Beratung wird der Klient dann Mitglied der Beratergruppe und ein anderer verlässt als neuer Klient die Beratergruppe. Er wartet wieder außerhalb, bis er von einer anderen Gruppe geholt wird. Die Berater können sich in dieser Zeit darüber austauschen, wie sie ihre Tätigkeit weiter optimieren können. Dieser *gruppenübergreifende Wechsel* setzt eine hohe Zeitdisziplin voraus, steigert aber den Beratereffekt.

Schwierigkeiten

Der Klient darf in den Phasen, in denen die Berater über ihn sprechen, wirklich nur zuhören. Sonst geht der Effekt dieser Übung verloren. Eventuell kann einem Gruppenmitglied die Aufgabe übertragen werden, darauf zu achten (Hilfsmittel kann eine Stoppkarte sein).

Anmerkungen

Je nachdem wie viel Zeit zur Verfügung steht, kann die *kollegiale Beratung verkürzt oder ausgedehnt* werden. Da die Teilnehmer sich in dem Seminar wahrscheinlich intensiv kennen gelernt haben, kann durchaus auf die Analyse der Schwierigkeiten verzichtet werden und sofort zur Transferplanung übergegangen werden. Steht genügend Zeit zur Verfügung, so kann bei der Verhandlung nach der Strategie der *Einwandbehandlung* (➪ S. 80) vorgegangen werden.

Praktische Erfahrung

Nur zuhören zu dürfen schafft innerlichen Platz, sich einmal konsequent mit einer Außensicht auseinander zu setzen und dadurch den inneren Dialog in neue Bahnen zu lenken. Man merkt das an der besonderen Atmosphäre in den Gruppen. Die Übung setzt sichtbar viel Energie bei den Beteiligten frei.

Pareto

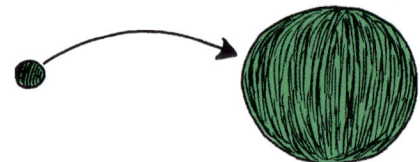

Kurzbeschreibung	**Im Seminar werden Kleinstvorhaben geplant und überprüft, in welchem (meist überraschend großen) Verhältnis dazu die Auswirkungen stehen.**
Ziel	Motivation zur Umsetzung der Vorhaben erhöhen, Aufmerksamkeit auf Unscheinbares lenken, das oft große Wirkung haben kann. Neugierde wecken und die Bereitschaft, sich überraschen zu lassen, fördern.
Gruppengröße	In Kleingruppen und im Plenum.
Dauer	60 Minuten.
Material	Moderationsmaterial.
Metapher	Das Pareto-Prinzip, Schmetterlingseffekt, eine Kerze in der Dunkelheit.
Ablauf	**Einstimmen in die Gruppenarbeit**

Die Teilnehmer ziehen sich in Dreiergruppen mit folgender Aufgabe für etwa 15 Minuten zurück:

> *»Welche kleinen, eher unwichtig erscheinenden Maßnahmen können Sie sich vorstellen, nach dem Seminar umzusetzen? Wählen Sie sich bitte jeweils eine aus, die Sie nach der Gruppenarbeit im Plenum vorstellen.«*

Auswertung im Plenum
Im Plenum werden auf dem Boden oder an einer Pinnwand mehrere Skalen vorbereitet. Mit diesen Skalen sollen die Auswirkungen der Minimaßnahmen überprüft werden. Die Skalen reichen von 0 bis 100 Prozent und stellen die möglichen Auswirkungen dar. Je nach Thema können die Skalen folgende Bezeichnungen haben: Die eigene Person, das Umfeld, andere Mitarbeiter, Füh-

rungskräfte, das Betriebsklima oder die Effektivität des Arbeitsablaufs. Zur Markierung der jeweiligen Prozentzahl können Sie runde Metaplankarten als Stellschieber verwenden. Auf einer weiteren, separaten Skala schätzen Sie den relativen Umfang der Maßnahme ein im Vergleich zu einem möglichen »großen« Vorhaben.

Jede Gruppe stellt mindestens eine (oder auch alle) Minimaßnahmen kurz vor. Zuerst wird auf der separaten Skala eingeschätzt, wie dieses Vorhaben zu vorstellbaren großen Maßnahmen eingeschätzt wird. Die Prozentzahl wird mit der runden Metaplankarte markiert. Danach werden die Wirkungsketten dieser kleinen Veränderungen herausgearbeitet:

> *»Stellen Sie sich vor, dass diese kleine Veränderung in Ihrem Arbeitsalltag umgesetzt wird. Was wird sich dadurch zuerst verändern? Und wie wird es sich verändern? Welche Folgewirkungen kann dies wiederum auslösen? Und worauf wirkt sich diese Veränderung aus? Was wird oder kann sich dadurch wiederum verändern?«*

Die Wirkungskette wird im Plenum diskutiert und die jeweilige Auswirkung auf den entsprechenden Skalen markiert. Die Einschätzungen werden mit den Stellschiebern festgehalten und anschließend das Gesamtergebnis diskutiert. Zum Abschluss jedes Vorhabens können Sie eine Art Gewinnbilanz aufstellen lassen: Wie groß ist der eingesetzte Aufwand im Vergleich zum Resultat?

Nachdem jede Minimaßnahme diskutiert worden ist, werden die wichtigen Erkenntnisse aus dieser Übung und die Bedeutung für die Praxis diskutiert und festgehalten.

Varianten

❖ Der Fokus kann auch gezielt auf *Minimaßnahmen mit maximaler Auswirkung* liegen.

❖ Die *Bezeichnung der Skalen* wird von den Teilnehmern erarbeitet: In welchen Bereichen wirken sich die Minimaßnahmen aus?

❖ Die Skalen werden in den *Kleingruppen* bewertet. Demonstrieren Sie dazu ein Beispiel im Plenum.

❖ *Protokollieren* Sie die Wirkungsketten mit und notieren Sie die wesentlichen Auswirkungen auf den Skalen.

Schwierigkeiten

Eine mögliche Schwierigkeit dieser Übung liegt beim genauen Aufdecken der Wirkungsketten. Hier hilft nur genaues Nachfragen: »Und wie wirkt sich das auf Ihre Führungskraft aus? Wie fühlen Sie sich, wenn Ihr Chef sich in dieser Art anders verhält? Und wie wiederum wirkt sich das auf Ihre Arbeitskollegen aus und wie fühlen Sie sich dadurch?«

Anmerkungen

Um ständig den Fokus der Praxis sichtbar im Raum zu verankern, können Sie mit Kreppband auf dem Boden ein großes Haus darstellen, in denen sich dann die Skalen befinden.

Praktische Erfahrungen

Diese Betrachtungsweise hat die Teilnehmer oft sichtbar in Erstaunen versetzt und Lebendigkeit freigesetzt. Wie bei allen Übungen wirkt auch bei dieser Moderation eine Portion Humor sehr unterstützend.

Rezeptverschreibung

Kurzbeschreibung

Über die Metapher eines Rezeptes wird ein Vorhaben erarbeitet.

Ziel

Außergewöhnliche Sichtweisen durch die Metapher einnehmen. Durch die indirekte Botschaft der »Heilung« über das Rezept Ressourcen aktivieren.

Gruppengröße

Dreiergruppen, Kleingruppen, Plenum, Realteams.

Dauer

30 bis 60 Minuten.

Material

Flipchart (eventuell vorstrukturiert)
verändertes, hochkopiertes Originalrezept.

Metapher

Arzneiflasche, Schal, Wärmflasche.

Ablauf

Am Ende des Seminars werden Dreiergruppen gebildet. Die Teilnehmer sollten sich während des Seminars bereits gut kennen gelernt haben und nach Möglichkeit über den Arbeitsalltag der anderen Bescheid wissen (zum Beispiel über die *Transfergruppen* ⇨ S. 77).

Jeder in der Gruppe ist einmal »Patient« und berichtet ausführlich über die Probleme, die er in seiner Arbeitspraxis antrifft und die mit dem Seminarinhalt zu tun haben. Die anderen beiden Teilnehmer aus dieser Gruppe sind die »Ärzte« und erarbeiten dann jeweils für den »Patienten« ein Transfervorhaben als Rezept. Sie führen sozusagen ein »Arztgespräch« zu zweit über einen »Patienten« durch.

Die Strukturierung des Rezeptes lehnt sich optisch an ein klassisches Rezept an, geht vom Inhalt aber weit darüber hinaus. Die Rezeptverschreibung lässt aufgrund der Metapher folgende Fragen zu, die auf dem Rezept schriftlich niedergelegt werden können:

- ❖ **Welches »Symptom« hat der »Patient«?** Welche Probleme hat der Teilnehmer beschrieben? Wie wirken sie sich aus?

- ❖ **Welcher ursprüngliche Nutzen steckt hinter dem »Symptom«?** Welchen möglichen versteckten Nutzen haben die Probleme für den Teilnehmer? Gibt es einen solchen auch für sein Arbeitsumfeld? (Beispiel: Das Problem, dass in einem Arbeitsteam die Verantwortlichkeiten nicht geregelt sind, kann den versteckten Nutzen haben, nicht für Fehler herangezogen zu werden.)

- ❖ **Welche Ursachen hat das »Symptom«?** Was sind die – möglichen/bekannten – Ursachen für die geschilderten Probleme?

- ❖ **Was wird dem »Patienten« konkret verschrieben?** Was soll wie, mit wem, in welchem Zusammenhang umgesetzt werden?

- ❖ **Wie stark ist das »Medikament?«** Wie kraftvoll, herausfordernd ist das Vorhaben?

- ❖ **Wie hoch soll die »Dosis« sein?** Was soll wie oft – täglich, wöchentlich usw. – getan werden?

- ❖ **Wann soll das »Medikament« eingenommen werden?** Soll das Vorhaben mit bestimmten anderen Aktivitäten verbunden werden? Soll es eher morgens, mittags oder abends umgesetzt werden?

- ❖ **Welche »Heilungschancen« bewirkt das »Medikament«?** Welche positiven Wirkungen/welcher Nutzen können/kann sich mit welcher Wahrscheinlichkeit einstellen?

- ❖ **Welche möglichen »Nebenwirkungen« können sich einstellen?** Welche nicht beabsichtigten Effekte können durch das Vorhaben eintreten? Sind sie so stark, dass sie das Projekt in Frage stellen, können sie akzeptiert werden oder muss das Vorhaben verändert werden?

- ❖ **Wie viel kostet das »Medikament«?** Wie groß ist der Aufwand für das Vorhaben; von der Zeit, von der Energie, von den Materialien her?

- ❖ **Wann soll der »Patient« den »Arzt« wieder aufsuchen?** Wann soll der Seminarteilnehmer mit seinem Paten, Vorgesetzten usw. Kontakt aufnehmen?

- ❖ **Gibt es für das Symptom alternative Heilungsmethoden oder Medikamente?** Welche überraschenden, vielleicht paradoxen Empfehlungen kann es geben?

- ❖ **Welche Auswirkungen hat die »Medikamentation« auf andere?** Gibt es Wechselwirkungen mit anderen Kollegen, Ressorts oder Bereichen? Sind sie zu akzeptieren?

Dieses Rezept wird dann mit dem Patienten verhandelt. Die Schlüsselfrage ist, ob der Patient das Rezept auch in der Apotheke einlöst. Der Patient kann und soll Einwände machen, wenn die Verschreibung seiner Ansicht nach nicht den »Symptomen« gerecht wird oder aus anderen Gründen keine sinnvolle »Behandlung« darstellt. Diese Verhandlung kann nach der Methode der *Einwandbehandlung* (⇨ S. 80) durchgeführt werden.

Nach erfolgreicher Bearbeitung wird das Rezept von den »Ärzten« mit Datum unterschrieben und dem »Patienten« überreicht.

Varianten

❖ Als Symptom können auch vermutete *Glaubenssätze* des Patienten (wenn sie als solche im Seminar behandelt worden sind), die Transfer verhindern könnten, genannt werden.

❖ Legen Sie den Schwerpunkt auf die Möglichkeit, *paradoxe* Verschreibungen durchzuführen. Paradoxe Verschreibungen fördern die Fantasie und stoßen unkonventionelle Lösungen, gerade in verfahrenen oder eingefahrenen Situationen, an. Das muss aber zu dem Anliegen des »Patienten« und zur Kultur Ihres Seminars passen. Auf keinen Fall darf die Ernsthaftigkeit darunter leiden.

❖ Die Ärzte können dem Patienten zum Abschluss der Behandlung ein *symbolisches Medikament* überreichen. Das kann ein Symbol aus der Natur sein oder Sie stellen welche zur Verfügung.

❖ Die Rezeptverschreibung kann auch im *aktiven Gespräch* mit den Ärzten erarbeitet werden, damit die Einwände sofort behandelt werden können.

❖ Zur Überprüfung des Rezeptes kann der Patient auch an eine andere Ärztegruppe *überwiesen* werden, die das Rezept noch einmal überprüfen und eventuell weitere Ideen hinzufügen. Diese Rolle kann auch das Plenum einnehmen. Das Rezept wird dann öffentlich vorgestellt und eventuell verändert oder ergänzt.

❖ Die Methode eignet sich auch für *reale Teams*, die sich selbst ein Vorhaben verschreiben. Dazu sollten die Teilnehmer in eine Metaposition gebracht werden, sich alle als Ärzte identifizieren und dann sich selbst aus dieser Position heraus ein Vorhaben verschreiben. Bei Bedarf können einige Teilnehmer die Rolle des Realteams übernehmen oder das gesamte Ärzteteam geht am Ende wieder in die wahre Rolle zurück und verhandeln die Verschreibung.

❖ Die *Beratergruppe* kann sich auch aus mehreren Rollen zusammensetzen: Chefarzt, Krankenschwester, Chirurg, Heilpraktiker, guter Freund oder einem Krankenpfleger. Dadurch erhöht sich die Zahl der Sichtweisen.

Schwierigkeiten

Es kann sein, dass die Ärzte zu weit gehen, das heißt zu intim oder persönlich werden, die Wertschätzung gegenüber dem Patienten verlieren oder sich zu sehr von der Praxis entfernen. Dem Patienten sollte daher ein Veto- bzw. Unterbrechungsrecht (mit der Stoppkarte) eingeräumt werden.

Es kann sein, dass die Metapher »Rezept« negativ besetzt ist. Andere mögliche Metaphern sind: »Gesundheitscheck« oder »Gesundheitsberatung«.

Es ist unbedingt darauf zu achten, dass die Verschreibung genau, nachvollziehbar, konkret und handlungsorientiert ist. Sind zum Beispiel mehrere Personen von der Verschreibung betroffen, muss sie so formuliert sein, dass der »Patient« das Rezept eigenverantwortlich und unabhängig von den anderen Personen umsetzen kann. Eventuell können die Zielkriterien herangezogen werden. Sie sind in der Übung *das persönliche Projekt* (⇨ S. 118) beschrieben.

Anmerkungen

Die »Ärzte« sollen durchaus unterschiedliche Meinungen haben und diese vor dem »Patienten« diskutieren. Durch dieses Mithören werden in dem »Patienten« vielfältige, oft ganz neue Gedanken und Sichtweisen wachgerufen. Der innere Horizont erweitert sich.

Praktische Erfahrungen

Diese Übung habe ich während einer Teamcoachingsitzung spontan entwickelt. Es ging dabei um das Aussprechen von konkreten Kritikpunkten gegenüber der Führungskraft in dem Team. Die Bearbeitung der Einwände, zirkuläre Fragen und die Einführung einer Metaposition ermöglichten es dem Team nicht, das selbst definierte Ziel kritischer im Team auszusprechen und umzusetzen. Erst die Idee der Rezeptverschreibung ermöglichte dem Team, konstruktive Maßnahmen zu entwickeln.

Die Rezeptverschreibung ist mittlerweile zu einer meiner Lieblingsinterventionen geworden.

Verhinderungsvertrag

Kurzbeschreibung	**Jeder Teilnehmer schließt mit sich selbst einen paradoxen Vertrag ab, in dem er herausarbeitet, wie er einen Transfer mit Sicherheit verhindern kann.**
Ziel	Die Eigenverantwortung für den Transfer bewusst machen. Überraschende neue Sichtweisen gewinnen.
Gruppengröße	Dreiergruppen.
Dauer	90 Minuten.
Material	Papier für den Vertrag.
Metapher	Rückwärts fahren, auf den Kopf stellen, in den Spiegel schauen (seitenverkehrtes Bild).
Ablauf	Der Verhinderungsvertrag kann am Ende eines Seminars ausgehandelt werden. Auf den ersten Blick erscheint diese Übung transferhemmend. Die intensive Auseinandersetzung mit den Hemmnissen aber entfaltet paradoxerweise eine positive Wirkung. Zudem kann auch das Nichtumsetzen als aktive Tat betrachtet werden. Dieser aktive Teil wird aber kaum bewusst wahrgenommen.

Auf den Vertrag einstimmen

Sie können Ihre Teilnehmer auf diese Übung mit folgenden Erläuterungen einstimmen:

»Meistens wird nach einem Seminar kaum etwas umgesetzt. Man nimmt sich etwas vor und weiß oder ahnt schon, dass es nur Absichtserklärungen bleiben. Vielleicht stößt man noch eine Kleinigkeit an, aber dann läuft alles einfach so weiter wie bisher. Kaum einer macht sich bewusst, dass auch das Nichtumsetzen eine harte Arbeit ist. Sie müssen auch dafür etwas tun. Dinge zu unterlassen erfordert oft gezielte Handlungen. Ich schlage Ihnen vor, mit sich selbst einen Verhinderungsvertrag auszuhandeln. Was werden Sie nun nach dem Seminar (vielleicht auch aus Ihrer bisherigen Erfahrung heraus) unternehmen, damit sich nichts verändern wird? Wie können Sie sicherstellen, dass Sie wirklich nichts umsetzen? Also, machen Sie das, was Sie tun, richtig. Planen Sie so genau wie möglich, was sie alles tun müssen, damit wirklich jeglicher Transfer verhindert wird. Bilden Sie dazu Dreiergruppen. Jeweils einer aus der Gruppe schildert, wie er dieses Vorhaben am besten umsetzen kann. Die anderen beiden notieren die Vorschläge und achten darauf, dass alle wichtigen Bereiche berücksichtigt werden:

❖ Was muss er in seinem äußeren Kontext, seinem Umfeld tun?
❖ Was muss er persönlich für sich tun?
❖ Was müssen seine Kollegen und was seine Vorgesetzten für ihn tun?

Formulieren Sie dann für ihn den Vertrag, der vielleicht mit folgendem Wortlaut beginnt:

›Ich, Axel Müller, vereinbare heute mit mir selbst folgenden Verhinderungsvertrag. Ich werde nichts von dem Seminar umsetzen, indem ich Folgendes beherzige: Ich werde …‹

Lesen Sie dem betreffenden Gruppenmitglied diesen Vertrag vor und lassen Sie ihn unterzeichnen. Dann kommt der Nächste Ihrer Gruppe an die Reihe.«

Den Verhinderungsvertrag aufarbeiten

Sie sollten diese Übung nach der Gruppenarbeit aufarbeiten. Folgende Fragen können dazu hilfreich sein:

❖ Wie oft haben Sie in der Vergangenheit diesen Vertrag schon zu wie viel Prozent umgesetzt? (Dazu eventuell auf einer Skala von 0 bis 100 Prozent positionieren lassen.)
❖ Wie haben Sie sich bei dieser Übung gefühlt? (Wahrscheinlich hat es sogar Spaß gemacht.)
❖ Zu wie viel Prozent sind Sie für diesen Vertrag selbst verantwortlich? (Wiederum auf einer Skala von 0 bis 100 Prozent positionieren lassen, um den Anteil der Eigenverantwortung bewusst werden zu lassen.)
❖ Welche verdeckten positiven Absichten bzw. welcher versteckte Nutzen verbirgt sich in dem Vertrag?
❖ Welche Bedürfnisse werden damit befriedigt? (Für sich selbst und für das System.)

Vertrag positiv umformulieren

Zum Schluss geht es um die Wandlung. Der Vertrag wird Satz für Satz in eine konstruktive Selbstvereinbarung umgewandelt. Kriterien dafür sind, dass die positive Absicht, beziehungsweise die Bedürfnisse weiterhin sichergestellt sind. »Was müssen Sie tun, damit das Gegenteil von dem eintritt, was Sie im Verhinderungsvertrag beschrieben haben?« Daraus wird dann eine Transfervereinbarung mit sich selbst.

Verhinderungsvertrag rituell transformieren

Zum Schluss geht es um die Transformation. Was kann mit den Verträgen symbolisch geschehen, sodass die konstruktive Kraft (positive Absicht) erhalten und die destruktive Kraft sich wandeln kann. Lassen Sie die Teilnehmer Vorschläge ausarbeiten. Vielleicht erfindet jede Gruppe ihr eigenes Ritual. Hier ein Vorschlag dazu:

> An die entsprechenden Stellen im Vertrag wird die positive Absicht, der versteckte Nutzen geschrieben. Diese Stellen werden aus dem Vertrag herausgerissen oder -geschnitten und in das *Transferbuch* (⇨ S. 74) geklebt und dazu notiert, wie diese Absicht weiter genutzt werden kann. Dann wird der Vertrag durch ein Ritual transformiert: Verbrennen, eingraben, in kleinen Papierschnitzeln oder als Papierschiff gefaltet einem Bach übergeben oder an eine fiktive Transformationszentrale mit der Post versandt.

Varianten

❖ Sie können den Verhinderungsvertrag abgewandelt auch *zu Beginn* des Seminars einsetzen, um ein konkretes Seminarziel herauszuarbeiten.

❖ *Konsequent zu Ende denken:* Um die Auswirkungen des Verhinderungsvertrages noch intensiver bewusst werden zu lassen, können Sie die negative Wirkung verstärken. Das können Sie zum Beispiel dadurch erreichen, dass sich die Teilnehmer in Zweiergruppen darüber austauschen, wie ihr Leben in fünf Jahren aussehen würde, wenn sie diesen Vertrag zu 100 Prozent umsetzen. Eine andere Variante ist, sich zu fragen, was geschieht, wenn alle Kollegen einen solchen Vertrag mit sich selbst abschließen und ihn umsetzen würden. Was verändert sich dadurch für einen persönlich, selbst wenn man solch einen Vertrag nicht mit abgeschlossen hätte? Dadurch wird indirekt auch die eigene Wirkung auf das Umfeld bewusst.

❖ Es ist auch möglich, den Verhinderungsvertrag ohne Aufarbeitung so stehen zu lassen. Dann handelt es sich wirklich um eine *paradoxe Intervention.* Bedenken Sie jedoch, dass Sie Ihre Teilnehmer wahrscheinlich nicht noch einmal wiedersehen und Sie deshalb keine Chance haben, etwas aufzuarbeiten.

Schwierigkeiten

Sie brauchen unbedingt einen guten Kontakt (Rapport) zu Ihren Teilnehmern, sonst können sich diese eventuell nicht ernst genommen fühlen. Achten Sie darauf und holen Sie sich beispielsweise das Einverständnis für diese Übung ein, indem Sie sagen:

> *»Normalerweise beschäftigen wir uns mit mehr oder weniger vernünftigen Dingen. Manchmal kann es aber auch hilfreich sein, etwas ganz anderes, Überraschendes zu unternehmen. Haben Sie Lust, mal etwas scheinbar Unvernünftiges zu tun?«*

Anmerkungen

Achten Sie darauf, dass die Teilnehmer innerlich nicht in der Verhinderung »hängen bleiben«. Lösen Sie die Übung angemessen wieder auf.

Praktische Erfahrungen

Ich selbst habe diese Übung praktisch so noch nicht durchgeführt, kenne aber paradoxe Verschreibungen aus anderen Erfahrungen. Sie wirken wirklich.

Mensch mach was draus

Kurzbeschreibung	**Ein Brettspiel, das den Transfer zum Thema hat.**
Metaziel	Den Transfer auf spielerische Art erleben und ihn so positiv verankern.
Gruppengröße	Je nach Spiel drei bis sechs Teilnehmer.
Dauer	30 Minuten.
Material	Vorbereitete Spiele.
Metapher	Diverse Gesellschaftsspiele.

Ablauf

Sie benötigen ein Spielbrett, auf dem Spielfiguren durch Würfeln gesetzt werden können (zum Beispiel: »Mensch ärgere dich nicht«). Die Spielfelder sind verschiedenfarbig markiert und lösen bestimmte Aktionen aus: Es müssen Ereigniskarten gezogen oder andere Aufgaben gelöst werden.

❖ **Wissenskarten:** Sie können Fragen zum Stoff Ihres Seminars stellen. Kann der Teilnehmer, der die Karte gezogen hat, die Frage beantworten, darf er mit seiner Spielfigur zwei Felder vorrücken. Wird die Frage von einem anderen Teilnehmer beantwortet, darf dieser zwei Felder vor, der Spieler, der die Karte gezogen hat, muss dann ein Feld zurück. Kann sie niemand beantworten und muss der Trainer oder das beiliegende Antwortenheft zu Rate gezogen werden, müssen alle Teilnehmer um ein Feld zurück.

❖ **Umsetzungskarten:** Auf diesen Karten können bestimmte in die Praxis umsetzbare Seminarinhalte stehen (zum Beispiel: »Ich wende die Serienbrieffunktion bei allen Schreiben mit mehr als zehn Anschriften an.«). Die Aufgabe für den Teilnehmer besteht darin, einen persönlichen Nutzen dieser Karte für sich zu benennen (zum Beispiel: »Ich spare dadurch bei jedem Brief drei Minuten Zeit.«). Kann er das, rückt er seine Spielfigur drei Felder weiter, kann er es nicht, schiebt er sie zwei Felder zurück.

❖ **Hinderniskarten:** Auf diesen Karten werden typische Schwierigkeiten bei der Umsetzung beschrieben (zum Beispiel: »Der Zeitdruck ist so groß, dass ich nicht dazu kommen werde, mir eine Druckformatvorlage zu erstellen.)« Hat der Teilnehmer eine konstruktive Idee zur Lösung des Problems, darf er seine Spielfigur drei Felder weiterrücken (zum Beispiel: »Ich mache mir bewusst, wie viel Zeit ich jetzt im Augenblick investiere und wie viel Zeit ich dadurch über einen größeren Zeitraum gewinne.«). Hat er keine, muss er drei Felder zurückgehen. Hat ein anderer Teilnehmer eine gute Idee, dann darf dieser drei Felder voran, der andere drei zurück.

❖ **Glaubenssätze:** Auf die Karten werden erweiternde und einschränkende Glaubenssätze zum Transfer notiert (Siehe entsprechende Kapitel zu Beginn des Buches und die Übung *Glaubenssätze* ⇨ S. 104). Bei erweiternden Glaubenssätzen muss ein konkretes Verhalten beschrieben werden, das durch den Glaubenssatz möglich ist (zum Beispiel fördert der Glaubenssatz »Durch Fehler kann ich lernen.« das Verhalten, etwas Neues auszuprobieren.). Bei einschränkenden Glaubenssätzen muss eine erweiternde Variante als Formulierung gefunden werden (Zum Beispiel der Glaubenssatz »Alles, was neu ist, macht mich ganz unsicher.« kann in »Ich darf mich beim Ausprobieren auch mal unsicher fühlen.« erweitert werden.).

❖ **Ereigniskarten:** Hier werden Ereignisse beschrieben, die in der Praxis auftreten können und den Transfer verhindern (zum Beispiel: »Die kompletten Seminarunterlagen sind auf der Rückreise im Zug liegen geblieben«). Die Teilnehmer sollen Ideen entwickeln, wie man damit konstruktiv umgehen kann (zum Beispiel: »Nimm das Benutzerhandbuch oder rufe einen anderen Teilnehmer an und lass dir eine Kopie von ihm anfertigen.«). Jeder, der eine Idee hat, kann seine Spielfigur ein Feld weiterrücken.

❖ **Erholungskarten:** Diese Karten lockern das Spiel einfach nur auf und sorgen für gute Laune. Davon sollten unbedingt einige im Spiel vorhanden sein. Man kann sie auch in die anderen Stapel hineinmischen und so die Spannung erhöhen. Mögliche Aktionen sind:

– Stelle pantomimisch einen Fisch dar.
– Errate die Schuhgröße deines linken und rechten Nachbarn.
– Massiere deinem linken Nachbarn die rechte Schulter.
– Denke dir eine Frage aus, die den Kursleiter in Verlegenheit bringt.
– Errate, wer in der Gruppe die längsten Finger hat.
– Sprich deinen eigenen Vor- und Nachnamen rückwärts.
– Überrede jemanden in der Runde, zehn Kniebeugen zu machen, sonst bist du mit 15 dran.

❖ **Zielfeld:** Der Spieler, der auf dieses Feld kommt, erklärt ein praktisches Ziel, das er nach dem Seminar umsetzen wird (zum Beispiel: »Ich werde meine Ablage im Rechner neu strukturieren.«). Die anderen haben dann die Aufgabe, ein konkretes Gefühl zu benennen, das das Erreichen des Ziels mit sich bringen kann (zum Beispiel: »Ich kann mir vorstellen, dass du dich klar und aufgeräumt fühlst.«). Jeder, der ein Gefühl benennen kann, geht ein Feld weiter.

❖ **Buchstabenfeld:** Bei diesem Feld muss der Nachbar des Mitspielers einen beliebigen Buchstaben nennen. Die Aufgabe besteht darin, ein Wort zu finden, das mit diesem Buchstaben beginnt und mit dem Thema Transfer zu tun hat (zum Beispiel: »V« – »Veränderung«). Dann geht es ein Feld weiter.

❖ **Katastrophenfeld:** Wer auf diesem Feld steht und von einem anderen Teilnehmer übersprungen wird, muss das Spiel von vorne beginnen. Grund: Es wurde nichts von dem Seminar in die Praxis umgesetzt.

Varianten

❖ Das Spiel kann in Abständen *mehrmals gespielt* werden. Dann steigert sich der Schwierigkeitsgrad der Karten und neue Themen kommen hinzu.

❖ Bestimmte oder alle Kartengruppen können auch vor dem Spiel von den *Teilnehmern selbst beschrieben* werden. Das aktiviert und erhöht die Intensität der Auseinandersetzung mit den Themen. Wenn Sie die Karten in mehreren kleinen Gruppen erarbeiten lassen, können die ausgearbeiteten Karten auch untereinander ausgetauscht werden. So erhöhen Sie die Neugierde und haben nebenbei weniger Arbeit.

Schwierigkeiten

Achten Sie darauf, wann die Spielenergie aufgebraucht ist. Dann beenden Sie das Spiel. Es kann Ihnen aber genauso gut widerfahren, dass die Teilnehmer nicht mehr aufhören wollen.

Bemerkungen

Bei dem Spiel kommt es nicht darauf an, wer gewinnt, sondern dass die Ereigniskarten und -felder bearbeitet werden. Dieses Spiel integriert, wiederholt und sichert den Transfer.

Praktische Erfahrungen

Es ist immer wieder ein Erlebnis, mit welcher Intensität und Hingabe solche Brettspiele von den Teilnehmern gespielt werden. Selbst einfache Wiederholungsfragen werden plötzlich mit Engagement und Leidenschaft beantwortet.

Integration

Kurzbeschreibung	**Die Seminarinhalte bzw. das Projekt werden auf allen Ebenen der Persönlichkeit (in Anlehnung an das Konzept der neurologischen Ebenen von Dilts) integriert.**
Ziel	Durch das Vernetzen auf allen Persönlichkeitsebenen werden neue Ideen generiert und die Seminarinhalte tiefer verankert.
Voraussetzung	Jeder Teilnehmer weiß, was er nach dem Seminar umsetzen will. Eventuell kann vorher das *persönliche Projekt* (⇨ S. 118) erarbeitet werden.
Gruppengröße	Plenum oder Paararbeit.
Dauer	30 bis 60 Minuten.
Material	Metaplankarten.
Metapher	Glas Wasser trinken (verinnerlichen), Klangschale (Ton in sich hereinlassen).
Ablauf	**Einstimmen in die neurologischen Ebenen**

Einstimmen in die neurologischen Ebenen
Erklären Sie den Teilnehmern das Konzept der neurologischen Ebenen von Dilts. Nutzen Sie die Literaturempfehlungen unter dem Punkt »Bemerkungen« oder arbeiten Sie den wörtlichen Text dieser Übung intensiv durch.

Übung vorbereiten
Der Seminarraum wird umgestaltet. Alle Stühle, Tische usw. werden an den Rand geschoben. Dort, wo die Fenster sind, ist alles frei und aufgeräumt. Auf den Boden werden in gleichen Abständen mehrfach parallel folgende beschriftete Metaplankarten ausgelegt: Umwelt – Verhalten – Fähigkeiten – Glaubenssätze – Werte – Identität – Kraftquelle.

Um den Symbolgehalt des Lichtes zu nutzen, wird die Kraftquelle zum Fenster hin ausgelegt. In dieser Reihenfolge durchschreiten alle Teilnehmer gemeinsam diese Ebenen. Die Teilnehmer nehmen sich mehrere Metaplankarten und einen Stift zur Hand, damit sie die wichtigsten Erkenntnisse notieren können.

Der Trainer geleitet dann die Teilnehmer Schritt für Schritt durch die Ebenen. Kündigen Sie vorher an, dass die Erfahrungen nur für jeden persönlich sind und hinterher nicht im Plenum besprochen werden, falls dies nicht ausdrücklich gewünscht wird.

Übung durchführen

Die Teilnehmer können Sie nun mit den folgenden Worten durch die Übung geleiten:

> *»Stell dich bitte vor die erste Karte ›Umwelt‹. Wir sind am Ende des Seminars angelangt und du hast viel erlebt, einiges abgewogen, anderes übernommen und manches verworfen. Ich werde dich jetzt durch einige Stationen geleiten, um dir bewusster werden zu lassen, wie und was du von dem Seminar umsetzen wirst und was es für dich bedeutet.*
>
> *Werde dir jetzt noch einmal dessen bewusst, was du konkret umsetzen möchtest. Denke daran, wie du dein Projekt beschrieben hast. Und mit diesen Gedanken, zu denen vielleicht ein Bild gehört, gehe jetzt auf die Karte ›Umwelt‹.*
>
> *Stell dir vor, du setzt dein Projekt um. Was verändert sich dadurch in deiner Umgebung, an deinem Arbeitsort. Stell es dir vor, sieh dich um. Was hat sich verändert? Hast du etwas umgestellt oder umgestaltet? Und mit welchen Menschen bist du zusammen, was hörst du? Und wenn dir etwas bedeutungsvoll erscheint, dann kannst du es jetzt aufschreiben. Was hat sich durch das Projekt in deinem Umfeld verändert?*
>
> *Dann gehe einen Schritt weiter auf die Karte ›Verhalten‹. Was tust du konkret während deiner Arbeit, welche Tätigkeiten führst du aus, um dein Projekt umzusetzen. Und was ist neu an deinem Verhalten? Vielleicht hast du schon ein inneres Bild davon. Stell dir vor, was du tust. Wenn dir etwas wichtig ist, dann hast du jetzt wieder Zeit dazu, es zu notieren.*
>
> *Dann lade ich dich ein, wieder einen Schritt weiter zu gehen, zu den ›Fähigkeiten‹. Welche Fähigkeiten, Fertigkeiten oder welches Können setzt du ein, wenn du das tust, was du eben beschrieben hast? Wenn du dein Pro-*

jekt umsetzt. Sind es neue Fähigkeiten, bereits bekannte oder veränderte? Fähigkeiten sind zum Beispiel Kreativität, Geduld, Organisationstalent oder Zuhören können. Mache dir wieder Notizen.

Nun gehe einen Schritt weiter auf die ›Glaubenssätze‹. Glaubenssätze sind Überzeugungen, verinnerlichte Sätze oder Prinzipien, die dir wichtig sind. Was denkst du über dein Projekt? Was glaubst du in diesem Zusammenhang über dich? Denkst du zum Beispiel: ›Das werde ich schaffen!‹ oder ›Das wird schwer!‹, ›Mein Projekt wird mir gut tun!‹ oder ›Ich weiß, dass es funktioniert!‹ Welche Glaubenssätze stehen in Zusammenhang mit deinem Projekt? Und verändern sich durch dein Projekt möglicherweise deine bisherigen Annahmen oder Überzeugungen zu deiner Arbeit? Schreib sie dir auf.

Stell dich dann auf die nächste Karte: ›Werte‹. Welche grundlegenden Werte sind dir bei der Umsetzung deines Projektes von Bedeutung? Werte wie: Genauigkeit, Schnelligkeit, Gerechtigkeit, Kundenorientierung, Zuverlässigkeit oder Pünktlichkeit. Werte sind meistens Substantive, Hauptwörter, die deine Grundhaltung beschreiben. Dein Fundament sozusagen, auf dem du alles aufbaust. Welche Werte tragen dich in deinem Projekt? Verändern sich dadurch vielleicht die bisherigen Werte deiner Arbeit? Ich lass dir Zeit, sie aufzuschreiben.

Auf der nächsten Karte geht es um deine Rolle, deine Identität bei der Umsetzung deines Projektes. Wenn du all das zusammenfasst, was du bisher durchschritten hast, welchen Namen würdest du dir dann geben? Welchen Spitznamen, der dich charakterisiert, würden dir deine Kollegen geben, wenn sie sehen würden, wie du dein Projekt umsetzt? Vielleicht ›der Ausprobierer‹, ›der Gelassene‹, ›der Mutige‹, ›der Zupacker‹, ›der Einfühlende‹, ›der Verständnisvolle‹, ›der Herausforderer‹? Ist das der gleiche Name, den du dir in deiner täglichen Arbeit geben würdest? Was immer dein charakteristischer Name sein kann, lass dir Zeit, ihn zu finden. Und schreibe ihn auf.

Der letzte Schritt führt dich in deine Kraftquelle. Woher bekommst du die Kraft, die Energie, deine innere Motivation für dein Projekt? Ist es vielleicht ein Art Neugierde, ein Gefühl von Verbundenheit mit deinen Kollegen oder deiner Firma, ist es eine tiefe Überzeugung in dir, deine Partnerschaft oder die Resultate deines Projektes? Ist es eine ganz andere Motivation wie in deiner täglichen Arbeit oder ist sie ähnlich? Lass dir Zeit, in dir deine Antwort zu finden.

Dann dreh dich um und schau den Weg zurück, den du gegangen bist. Behalte den Kontakt zu deiner Kraftquelle, halte deine Motivation in dir wach und das Gefühl, das dazu gehört. Vielleicht auch ein Bild, eine Farbe, ein Gedanke oder eine Empfindung. Lass ein Symbol in dir entstehen, das diese Kraftquelle, deine innere Motivation, darstellt. Und stell dir dieses Symbol vor, sodass es sich vor deinem inneren Auge zeigt. Dann gehe zurück, Schritt für Schritt, in der Geschwindigkeit, die du für richtig hälst. Bringe diese Kraftquelle zu jeder Ebene und verbinde sie damit. Lass dich überraschen, was sich dadurch vielleicht verändert. Was geschieht, wenn deine Kraftquelle, deine Motivation dir auf allen Ebenen bewusst und wach ist?

- ❖ *Dein Name, deine Identität. Wie verändern sie sich durch das Symbol?*
- ❖ *Die Werte. Was geschieht mit ihnen im Kontakt mit dem Symbol, deiner Kraftquelle.*
- ❖ *Deine Glaubenssätze. Was geschieht hier?*
- ❖ *Deine Fähigkeiten. Was geschieht mit ihnen, wenn sie sich mit dem Symbol deiner Motivation verbinden?*
- ❖ *Dein Verhalten. Was verändert sich vielleicht auch dort?*
- ❖ *Und dein Umfeld. Schau dich innerlich um, was deine Motivation dort verändert.*

Und dann gehe einen Schritt über die letzte Karte hinaus, drehe dich um und lass den ganzen Weg, den du jetzt zweimal abgeschritten bist, noch einmal auf dich wirken. Was ist dir aus dieser Erfahrung heraus jetzt noch wichtig? Welche Gedanken tauchen in dir noch auf und möchten gehört werden. Ich lasse dir noch Zeit, dir einige Notizen zu machen.«

Abschließen

Lassen Sie den Teilnehmern nach dieser Übung Zeit, über sich selbst zu reflektieren, etwas aufzuschreiben oder sich mit ihrem Nachbarn auszutauschen. Fünf bis zehn Minuten sind dafür angemessen. Geben Sie dann Raum, im Plenum noch etwas auszutauschen, wenn dies gewünscht wird.

Varianten

❖ Die Übung kann auch *paarweise durchgeführt* werden. Jeder führt den anderen dann einmal durch die Ebenen. Entweder bekommen die Teilnehmer den Text dazu in die Hand oder der Ablauf wird einmal im Plenum demonstriert.

❖ Mit dem *Persönlichen Projekt* (⇨ S. 118) lässt sich auch in die *Zukunft* statt durch die neurologischen Ebenen schreiten. Anregungen dazu finden Sie in der Übung *Glaubenssätze* (⇨ S. 104).

Schwierigkeiten

Lassen Sie sich selbst einmal persönlich durch diese Ebenen führen. Die Bedeutung und Tiefe der Übung erschließt sich Ihnen erst dann. Die Teilnehmer können nach dieser Übung sehr betroffen sein. Sie sind oft nicht gewohnt, in dieser Tiefe über sich selbst nachzudenken. Haben Sie ein Auge dafür, welcher Teilnehmer besonders berührt ist. Diesen sollten Sie vielleicht persönlich ansprechen.

Bemerkungen

Bei dieser Übung durchschreiten die Teilnehmer die »Neurologischen Ebenen« nach Dilts. Wer sich damit näher auseinandersetzen möchte, dem sei folgende Literatur empfohlen: O'Connor »Neurolinguistisches Programmieren: Gelungene Kommunikation und persönliche Entfaltung«, Gundl Kutschera »Tanz zwischen Be-wusstem und Un-bewusstem«.

Praktische Erfahrungen

Mit dem Konzept der »Neurologischen Ebenen« nach Dilts habe ich vielfältige Erfahrungen sammeln können. Ich bin immer wieder berührt, welch klaren und tiefen inneren Kontakt diese Übung herstellen kann. Ich kann sie nur wärmstens empfehlen. Bei der Beschäftigung mit der angegebenen Literatur werden Sie feststellen, dass ich die Stufen leicht verändert habe. Bedingt durch meine Erfahrung trenne ich gerne die Glaubenssätze von den Werten und arbeite lieber mit dem Begriff der »Kraftquelle« von Gundl Kutschera.

Anker

Kurzbeschreibung   Der Transfer (bzw. das persönliche Vorhaben) wird mit einem Gegenstand oder bestimmten Situationen verbunden und damit ständig in Erinnerung gehalten.

Ziel   Ständiger innerer Kontakt zu den eigenen Vorhaben, positive Gefühle wachrufen, Motivation wachhalten.

Voraussetzung   Das persönliche Vorhaben bzw. Ziel ist geklärt.

Gruppengröße   Das gesamte Plenum.

Dauer   30 Minuten.

Material   Halbedelsteine oder andere Gegenstände als Anker.

Metapher   Kraftstein, Insignien der Macht, Amulett, verzauberter Stein, Talismann, Pawlowscher Hund.

Ablauf   »Anker« begegnen uns überall im Leben: Bedeutungsvolle Gegenstände, ein besonderes Bild, eine bestimmte Musik löst in uns Erinnerungen aus und aktiviert Erfahrungen. »Anker« lösen in uns ständig Erinnerungen an die Vergangenheit aus und sind ein ganz natürlicher Vorgang des Lebens, der gezielt genutzt werden kann.

   Diese Übung verankert die Seminarerfahrung mit einem »Transferstein«. Lassen Sie zu Beginn dieser Übung jeden Teilnehmer einen solchen »Transferstein« auswählen. Erklären Sie dazu die Funktion dieses Steines.

   Lassen Sie die Teilnehmer dann auf ihren Stühlen wieder Platz nehmen. Jeder soll seinen Stein in die linke Hand nehmen und sich auf die Fantasiereise vorbereiten. Erklären Sie den Teilnehmern, dass in der Fantasiereise der jetzige Zustand Ihrer Arbeitssituation in die rechte Hand hineinprojiziert wird. In die linke Hand, in der sich der Stein befindet, kommt die gewünschte neue

Situation, die durch den Transfer erreicht werden soll. Damit das funktioniert, sollten beide Hände mit der Innenfläche nach oben auf die Oberschenkel gelegt werden. Am Ende werden beide Hände zusammengeführt, um alles in dem Stein zu speichern. Dieser Stein kann dann als ständiger Begleiter in Ihrer Arbeit eine wichtige Rolle spielen.

> »*Während du nun den Stein in deiner linken Hand spürst, warm oder kühl, angeschmiegt oder noch seinen Platz suchend, hast du Zeit, es dir auf deinem Stuhl (oder deiner Matte) bequem zu machen. Überprüfe, ob du bequem sitzt (oder liegst), dein Blut in deinen Adern frei zirkulieren und dein Atem leicht ein- und ausfließen kann. Und je mehr sich in dir eine Art von Bequemlichkeit ausbreitet, desto mehr und vielleicht leichter kannst du dich ganz auf dich besinnen. Fühle deinen Körper, wie er sich anfühlt, deinen Atem, wie er ein- und ausströmt. Genieße einfach die innere Ruhe, die dich mehr und mehr ausfüllt.*
>
> *Ich lade dich jetzt ein, dich an deinen Arbeitsplatz zu begeben. Du weißt genau, was für dich hier wichtig ist und welche Situation du durch dieses Seminar verändern möchtest. Stell dir vor, dass in deiner rechten Hand so etwas wie ein kleiner Fernsehbildschirm ist, in dem du dich und deine ausgewählte Situation sehen kannst. Was ist auf dem Bildschirm zu sehen? Wie sieht der Film aus, der sich in deiner rechten Hand abspielt? Schau dir die Situation an, die du verändern möchtest, so wie sie normalerweise abläuft. Wo bist du? Wie sieht der Raum aus, in dem du dich befindest? Mit wem bist du dort zusammen? Was ist deine Aufgabe? Was geschieht? Welche Hilfsmittel benötigst du? All diese Bilder kannst du in der Innenfläche deiner rechten Hand sehen.*
>
> *Gibt es auch Töne zu deinen Bildern? Hörst du Geräusche oder Stimmen? Welche Gefühle breiten sich von dem Bild in die Hand hinein aus? Spüre nach, wie sie sich anfühlt. Warm, kühl, kribbelig, eher taub oder lebendig? Ich lasse dir jetzt Zeit, die Situation zu erleben, die dir wichtig ist. Die Situation, die du durch das Seminar gerne verändern möchtest.*
>
> *Dann nehme noch einmal die Gefühle in deiner rechten Hand wahr. Hat sich noch etwas verändert? Was hat sich mit deiner Hand verbunden? Und wenn du jetzt gleich in Gedanken zu deiner anderen Hand hinüberwechselst, dann stell sicher, dass diese Gefühle und Bilder, die sich mit der Handinnenfläche verbunden haben, verweilen und warten.*

Und bevor du in deine andere, deine linke Hand hineinschaust, mache dir noch einmal bewusst, was du von diesem Seminar umsetzen, mit in deinen Arbeitsalltag nehmen willst. Was hast du dir vorgenommen? Welche neuen Fähigkeiten hast du zur Verfügung? Beschreibe sie für dich so konkret wie möglich.

Und nun stell dir vor, dass sich auch in deiner linken Hand, in der du den Stein hältst, ein Bildschirm befindet. Auf diesem Bildschirm wird sich gleich die Situation, um die es dir geht, noch einmal abspielen. Allerdings stehen dir jetzt deine neu erworbenen Fähigkeiten zur Verfügung. Du setzt nun das um, was du dir vorgenommen hast.

Lass jetzt in deiner linken Hand die gleiche Situation noch einmal erneut entstehen. Lass dich überraschen, was sich durch deine neu eingesetzten Fähigkeiten alles verändert. Wie sieht der Ort, an dem du arbeitest, aus? Hat sich etwas verändert, hast du etwas umgestaltet? Was ist anders geworden? Hat sich der Ablauf der Situation verändert? Was siehst du jetzt in deiner linken Hand? Vielleicht reagieren auch deine Kollegen oder Kolleginnen anders auf dich. Was hörst du? Und welche Gefühle begleiten das Bild, das du siehst, und verbinden sich mit deiner linken Hand? Ich lasse dir wieder Zeit, das alles zu erleben und mit deiner Hand verschmelzen zu lassen. Wenn diese neue Situation als Film in deiner Hand abgelaufen ist, dann werden dir wieder beide Hände bewusst, gleichzeitig und jede für sich. Welche Gefühle sind mit der rechten Hand verbunden und welche mit der linken? Was ist in beiden geschehen? Worin unterscheiden sich die beiden Erlebnisse?

Und während du die Unterschiede wahrnimmst, die verschiedenen Gefühle und Empfindungen in beiden Handflächen, führe sie langsam, ganz langsam zusammen. Nimm wahr, was sich zwischen deinen beiden Händen abspielt, was zwischen ihnen ausgetauscht wird und durch den Stein hindurchfließt, der die ganze Zeit in deiner linken Hand gelegen hat. Ganz langsam kommen sich deine Hände näher. Wenn sie sich berühren wollen, dann lass es geschehen, um das Eine mit dem Anderen zu verbinden, beides zu integrieren, um daraus vielleicht etwas Neues entstehen zu lassen, Altes mit Neuem zusammenzuführen, Neues hinzuzufügen, Altes zu verändern. Was passt und fügt sich zusammen, was passt nicht?

Wenn es so weit ist, nimm den Augenblick dieser Verbindung wahr. Welche Gefühle, Erfahrungen und Botschaften fließen dann in den Stein hinein? Welche Weisheiten nimmt er auf und verwahrt sie für dich, sodass sie

> *bei jedem Betrachten, bei jeder Berührung wieder in dir frei werden. Was verbindet sich mit ihm, für dich? Welche Bedeutung bekommt dieser Stein für dich?*
>
> *Genieße dieses Gefühl der Verbindung, diesen Moment der Integration. Vielleicht fließen auch einige deiner Atemzüge, deiner Gefühle und Empfindungen in diesen Stein hinein. Du weißt genau, was er noch braucht, benötigt. Lass alles hineinfließen, was für dich von Bedeutung ist. Er wird es dir bewahren.*
>
> *Verweile noch einige Atemzüge bei dir und deinem Stein. Wenn du gleich hierher zurückkommst, wirst du genau wissen, was du mit diesem Stein machen wirst, damit er für dich all seine unterstützende Kraft freisetzt. Du wirst wissen, ob du ihn bei dir tragen wirst, er einen Platz auf deinem Schreibtisch bekommt oder dich jeden Morgen zu Hause daran erinnert, was er in sich trägt.«*

Lassen Sie den Teilnehmern nach der Reise noch etwas Zeit, die Erlebnisse in die bewusste Ebene noch weiter zu integrieren. Halten Sie dazu die Atmosphäre der Fantasiereise noch für ein paar Minuten aufrecht. Wichtig ist, dass der Stein nach der Übung einen würdevollen Platz bekommt und nicht irgendwo hingelegt wird. Es ist mittlerweile ein besonderer Stein geworden.

Variante

Ein Anker kann sich auch wie ein *roter Faden* durch das Seminar ziehen. Die Teilnehmer bringen zum Beispiel ein Symbol für ihren Transfer mit (oder finden ein Symbol in der freien Natur im Umfeld ihres Seminarortes). Jedes Mal, wenn es um das Thema Transfer geht, wird das Symbol damit verbunden. Nach jeder Übung, in jeder der *Transfergruppen* (⇨ S. 77) oder *Reise durch den Tag* (⇨ S. 89), werden die persönlichen Erlebnisse mit dem Anker verbunden. Ebenso kann das Symbol aus der Übung *Zielweg* (⇨ S. 68) als Anker genutzt werden.

Schwierigkeiten

Um einen Anker wirkungsvoll zu setzen, sollte der Teilnehmer sich in einem hohen emotionalen, für ihn positiven Zustand befinden. Daher ist die Art und Weise der Durchführung der Fantasiereise von großer Bedeutung.

Bemerkungen

Als Anker kann alles Mögliche verwendet werden. Erinnerungen können mit Gegenstände, Körperstellen, Situationen oder Gefühlen verbunden werden. Die Voraussetzungen für einen wirksamen Anker sind:

❖ Eine hohe Intensität des erlebten inneren Zustandes. (In der Übung die emotionalen Bilder, verknüpft mit den Sinneserfahrungen der beiden Hände.)

❖ Der Anker muss genau im Moment der größten Intensität gesetzt werden. (In der Übung genau in dem Augenblick, in dem die Hände zusammenkommen und der Stein in beiden Handinnenflächen gespürt wird).

❖ Der Anker muß einmalig sein. (In der Übung soll der »Transferstein« nur die in dieser Übung gemachten Erlebnisse und Erfahrungen wieder wachrufen.)

❖ Die Aktivierbarkeit muss sichergestellt werden. (In der Übung die Überlegung am Ende, wie durch den Stein die gemachte Erfahrung wieder erinnert wird.)

Wenn Sie sich nicht ganz sicher sind, ob die Teilnehmer innerlich für solch eine Erfahrung bereit sind, dann bieten Sie sie als freiwillige Abendsitzung an. Skeptiker haben dann die Möglichkeit, sich frei zu entscheiden und fühlen sich vielleicht eher bereit, sich auf neue Erfahrungen einzulassen.

Praktische Erfahrungen

Lässt man sich auf diese Übung ein, so ist es wirklich ein besonderer Augenblick, die Hände zusammenzuführen. Ich habe selbst einmal solch eine ähnliche Übung mitgemacht und erinnere mich heute, nach etwa zehn Jahren, immer noch intensiv an diese Erfahrung.

Wanderung

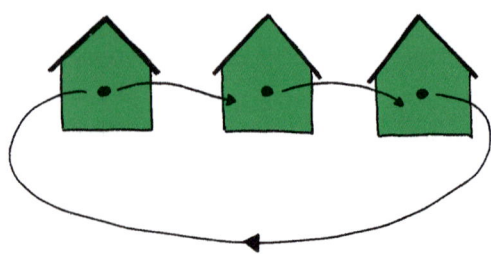

Kurzbeschreibung	**Die Teilnehmer gehen am Ende des Seminars symbolisch durch die Vergangenheit, Gegenwart und Zukunft und integrieren dabei ihren persönlichen Transfer.**
Ziel	Bewusstes und unbewusstes Verankern des Transfers.
Voraussetzung	Das persönliche Vorhaben bzw. Ziel ist geklärt.
Gruppengröße	Das gesamte Plenum.
Dauer	30 Minuten.
Material	Großer freier Raum, Platz, Tesakrepp-Band, Schreibmaterial.
Metapher	Wanderschuhe, Wanderjahre.
Ablauf	Die Teilnehmer markieren auf dem Boden mit Tesakrepp-Band die Umrisse von drei großen Gebäuden. Diese symbolisieren: Vergangenheit, Gegenwart und Zukunft. In dieser Reihenfolge sollen die Häuser auch auf dem Boden markiert werden. Sie sind jeweils so groß, dass alle Seminarteilnehmer darin Platz haben.
	Das erste Haus steht für die Alltagspraxis vor dem Seminar, das zweite für das Seminar, in dem sie sich gerade befinden und das dritte für die Alltagspraxis nach diesem Training.
	Die Teilnehmer stellen sich zunächst in das erste Haus der Vergangenheit. Sie haben etwas zu schreiben und eine feste Unterlage dabei. Dann werden sie durch die erste Fantasiereise geführt:

»Du hast dich in das ›Haus der Vergangenheit‹ begeben, in den Arbeitsalltag während der Zeit vor dem Seminar. Welche Bilder entstehen in dir, wenn du an typische Situationen denkst, die du verändern möchtest? Lass dir Zeit. Entscheide dich dann für eines dieser Bilder, für jenes, welches am besten darstellt, was du verändern möchtest. Stell dir dieses Bild innerlich genau vor. Lass es auf dich wirken. Welches Gefühl ruft es in dir hervor? Notiere dir deine Empfindungen.

Dann suche dir einen Platz im ›Haus der Gegenwart‹, in das Haus der jetzigen Seminarerfahrungen. Lass in dir die wichtigsten Stationen dieser Tage nochmals Revue passieren. Welche Erfahrungen waren dir wichtig, die für dich und für das, was du gerne umsetzen möchtest, von Bedeutung sind. Lass dir Zeit. Höre in dich hinein. Lass dich überraschen, welches innere Bild, welche Erfahrung, welche Situation oder welches Erlebnis du auswählen wirst. Stell dir diese Situation im Seminar genau vor. Und welche Gefühle verbindest du damit? Du hast wieder Zeit, es aufzuschreiben.

Begebe dich dann in das ›Haus der Zukunft‹, in die Zeit nach dem Seminar, in deinen Arbeitsalltag. Wenn du dein Vorhaben umsetzt oder wenn du dein Ziel erreicht hast, wie wird dein Alltag dann aussehen? Welche Bilder von der Zukunft entstehen in dir? Schau Sie dir an und lass dich überraschen. Welches Bild ist charakteristisch und motiviert dich am meisten? Welche Gefühle gehören dazu? Lass dir wieder Zeit, dein Bild und dein Gefühl aufzuschreiben.

Nun begebe dich außen herum zurück in das erste Haus. Erinnere dich wieder an das entsprechende Bild und das Gefühl. Lass alles wieder in dir entstehen. Gehe dann in das zweite Haus, das ›Haus der Gegenwart‹. Welches Bild und welche Gefühle hattest du dort? Lass es in dir wieder entstehen. Und dann schreite weiter in das ›Haus der Zukunft‹. Welches Bild und welches Gefühl gehören hierher?

Nun kehre dann noch einmal in das erste zurück und begib dich erneut auf die Reise. Welches Bild, welches Gefühl sind hier. Und im nächsten Schritt, welches Bild und Gefühl sind in der Gegenwart. Und dann in der Zukunft. Wandere mit stetig zunehmender Geschwindigkeit durch diese Räume und rufe dir die Gefühle und Bilder ins Gedächtnis, die du mit den drei Häusern verbindest. Werde immer schneller, bis du nur noch durch die Räume hindurchschreitest und dabei jedes Mal deine inneren Bilder und Gefühle vor deinem geistigen Auge auftauchen. Ich lass dir Zeit für deine Wanderung und gebe dir ein Signal, wann du sie beenden kannst.«

Varianten

❖ Die Übung wird intensiver, wenn Sie die *Submodalitäten* (erklärt bei der Übung *Hochgenuss* ➪ S. 163) integrieren, die jeder Teilnehmer in seiner bisherigen Alltagssituation hatte, im Seminar hat, und die er sich in der zukünftigen Praxis vorstellen kann. Damit nicht zu viele innere Vorstellungen bei der Wanderung durch die drei Häuser aktiviert werden, ist es ratsam, sich auf die Submodalitäten zu beschränken.

❖ Es ist auch möglich, das Gefühl mit einer *Körperhaltung* zu verbinden, die dann in den Häusern für kurze Zeit eingenommen wird.

Schwierigkeiten

Achten Sie darauf, dass keine negativen Erfahrungen integriert werden. Die Erfahrungen vor dem Seminar sind natürlich eher negativ besetzt. Sie sollen durch die Übung in positive Erfahrungen transformiert werden. Integrieren Sie diese Botschaft eventuell in die Fantasiereise oder erklären Sie diesen Zusammenhang vorher.

Bemerkungen

Achten Sie darauf, dass die Teilnehmer beim Zurückgehen nicht durch die Häuser gehen, sondern außen herum.

Praktische Erfahrungen

Ich habe dieses Übungsmuster in anderen Situationen schon oft durchgeführt. Es geschieht durch das schnelle Hindurchschreiten wirklich so etwas wie eine innere unbewusste Integration, eine Verbindung der Vergangenheit mit der Zukunft, die die Umsetzung in die Praxis erleichtert.

Speaker's Corner

Kurzbeschreibung	**Wie im Hydepark am Speaker's Corner werden die Vorhaben marktschreierisch kundgetan.**
Ziel	Ein starkes inneres emotionales »Ja« zu seinem eigenen Vorhaben aussprechen.
Voraussetzung	Das persönliche Vorhaben bzw. Ziel ist geklärt.
Gruppengröße	Das gesamte Plenum.
Dauer	30 Minuten.
Material	Mehrere Stühle, auf denen man sich stellen kann. Eventuell einige Requisiten, um dem Raum den Flair des Hydeparks zu geben.
Metapher	Speaker's Corner, Marktschreier.
Ablauf	Das persönliche Vorhaben wird unter hoher emotionaler Beteiligung lautstark nach außen gegeben. Dadurch entsteht eine hohe innere Selbstverpflichtung. Hat man sein Vorhaben erst einmal in dieser Art laut von sich gegeben, kann einen in der Praxis bei der »Verkündung« seines Planes nichts mehr abschrecken.

Bevor Sie diese Übung durchführen, müssen sich die Teilnehmer über ihre Umsetzungsvorhaben (*Das persönliche Projekt* ⇨ S. 122) im Klaren sein. Dann können Sie sie auf die Metapher einstimmen. Vielleicht mit den folgenden Worten:

»*Was ist das Besondere an den Rednern vom Hydepark? Sie stehen zu ihrer persönlichen Überzeugung und verkünden sie der Welt. Dabei ist es nicht entscheidend, dass sie andere davon auch überzeugen. Allein das Zu-sich-selbst-stehen, und das Nach-außen-gehen ist entscheidend. Genauso ist es mit Ihrem Vorhaben. Es hat eine ganz andere Qualität für Sie selbst, wenn Sie mit Ihrer ganzen Person dahinter stehen und es laut- und emotionsstark verkünden. Nicht für die anderen ist diese Botschaft, sondern es ist eine Bestätigung für Sie selbst, dass Sie es damit wirklich ernst meinen.*

Die Übung funktioniert so: Wir werden gleich gemeinsam im Seminarraum alles zur Seite räumen. So haben wir in der Mitte viel Platz. Das ist unser ›Hydepark‹. Fünf von Ihnen nehmen sich einen Stuhl und stellen ihn irgendwo in den Park. Das ist der Ort, an dem Sie lautstark Ihr persönliches Vorhaben, Ihre Motivation dazu und die Veränderungen, die Sie damit einleiten, verkünden können. Die anderen gehen herum und hören sich die leidenschaftlichen Reden an. Wenn die anderen Teilnehmer Lust haben, die Redner anzufeuern, dann tun sie es.

Sind Sie mit Ihrer Rede fertig, haben Sie Anspruch auf einen heftigen Applaus. Genießen Sie ihn und machen Sie dann dem nächsten Redner Platz.

Das Ganze dauert so lange, bis jeder einmal seine Rede gehalten hat. Haben Sie noch etwas Wichtiges vergessen zu sagen, können Sie jederzeit noch einmal auf den Stuhl steigen.«

Variante

Wenn Sie die Metapher des *Marktplatzes* verwenden, dann verkaufen die Teilnehmer ihr Vorhaben, preisen den Nutzen an, nennen den Preis (*Das persönliche Erfolgskonto* ⇨ S. 160) und was sich durch ihr Angebot alles in der Praxis verändern wird.

Schwierigkeiten

Es kommt darauf an, welche Stimmung in Ihrem Seminar herrscht und wie Ihre eigene Haltung zu einer solchen Übung ist. Ist beides o.k., wird das Ganze gelingen.

Bemerkungen

Führen Sie die Übung unbedingt so durch, dass sich viele Teilnehmer zur gleichen Zeit auf die Stühle stellen und ihre Rede halten. Durch das dann entstehende Stimmengewirr sinkt die Hemmschwelle und es fällt wesentlich leichter, seine Botschaften zu verkünden.

Lassen Sie in angemessener Lautstärke Musik im Hintergrund laufen. Dadurch nehmen Sie dem Raum die Leere und der Beginn der Übung fällt leichter. Vielleicht steht Ihnen auch eine Bandaufnahme von Originalreden aus dem Hydepark (oder Ähnliches) zur Verfügung. Das würde der Übung einen ganz besonderen Charme verleihen.

Praktische Erfahrungen

Ich arbeite gerne suggestopädisch, das heißt für mich, die Gefühle und den Körper mit in das Lernen zu integrieren. Solche Übungen sind für mich wie das »Salz in der Suppe« und funktionieren hervorragend.

Das Spalier

Kurzbeschreibung	**In einem emotionalen und ressourcevollen Zustand auf das eigene Ziel zugehen.**
Ziel	Eine stabile, positive Haltung zum eigenen Ziel gewinnen. Innerlich »Ja« zum Ziel sagen. Die eigenen Ressourcen aktivieren und in die Umsetzung integrieren.
Voraussetzung	Das persönliche Vorhaben bzw. Ziel ist geklärt.
Gruppengröße	Das gesamte Plenum.
Dauer	**Phase 1:** 30 Minuten, **Phase 2:** 30 Minuten, **Phase 3** und **4:** für jeden Teilnehmer ungefähr fünf bis zehn Minuten.
Material	Wachsstifte oder Malkreide, Zielbild, Schnur oder schmales Brett.
Metapher	Kurs halten im Sturm.
Ablauf	Diese Übung läuft in vier Phasen ab.

Phase 1: Zielbild zeichnen
Jeder Teilnehmer malt sich ein Zielbild. Dabei geht es nicht um Schönheit, sondern um den persönlichen symbolhaften Ausdruck. Das Bild soll für den Teilnehmer anziehend wirken, für ihn bedeutungsvoll sein. Durch eine Fantasiereise können Sie den Kontakt zu diesem inneren Bild herstellen:

> »Du hast viel in diesem Seminar erlebt, einiges vielleicht sofort für dich angenommen, anderes noch außerhalb von dir gelassen. Etliches passte zu dir, so wie du bist, zu deinem Arbeitsplatz und zur Art, wie du arbeitest, anderes wiederum nicht. Aus der Vielzahl von Anregungen hast du dir dein

> *Ziel, dein Vorhaben, ausgesucht. Stell dir nun vor, was du umsetzen möchtest. Welches symbolhafte Bild entsteht dann in dir? Lass dich überraschen, welches Symbol vor deinem inneren Auge oder in deiner Fantasie entsteht. Vielleicht sind es Farben, die sich ausbreiten, vermischen und vielleicht berühren. Ich lass dir Zeit, dieses Bild in dir entstehen zu lassen. Ein Bild, das für dich, für dein Ziel und dein Vorhaben steht. Ein Bild, das für dich anziehend wirkt, dir Energie und Kraft gibt, dich unterstützt.«*

Phase 2: Unterstützendes, Hinderliches und die Ressourcen klären

In der zweiten Phase kommen jeweils zwei Teilnehmer zusammen und interviewen sich gegenseitig zu folgenden Fragen:

❖ Welche drei Dinge unterstützten dich ganz konkret bei der Umsetzung deines Zieles bzw. deines Vorhabens?
❖ Welche drei Dinge hindern dich eher?
❖ Welche drei wichtigen Fähigkeiten und Ressourcen stehen dir bei der Umsetzung zur Verfügung?

Dabei soll es um wirklich Bedeutsames gehen, das auch den anderen Teilnehmern mitgeteilt werden kann. Jede Aussage wird auf eine Metaplankarte geschrieben.

Phase 3: Ressourcen aktivieren

Die Teilnehmer des Seminars stellen sich nun spalierförmig auf. In der Mitte des Spaliers liegt ein langes Seil oder ein schmales Brett. Zum Licht bzw. Fenster hin wird das Zielbild des ersten Teilnehmers, der als Betroffener durch diesen Gang schreitet, gut sichtbar positioniert.

Der betroffene Teilnehmer legt seine drei »Ressourcenkarten« vor dem Spalier auf den Boden, sodass er sie nacheinander abschreiten kann. Als weitere Vorbereitung teilt er den Teilnehmern auf der rechten Seite des Spaliers die drei hinderlichen Faktoren für die Umsetzung seines Zieles mit und die linke Seite erhält die drei unterstützenden Faktoren. Die Teilnehmer merken sich die Faktoren, diese werden aber erst in der vierten Phase aktiviert. In dieser Phase ist das Spalier noch stumm, unterstützt aber den Betroffenen durch die innere Aufmerksamkeit für ihn. So vorbereitet kann sich der Betroffene vor seinen »Ressourcenkarten« innerlich sammeln. Er wird dann von Ihnen auf dem ersten Abschnitt der Reise mit folgenden Worten begleitet:

»Du kennst dein Ziel und weißt, was es für dich bedeutet. Dein Zielbild hat es dir vielleicht noch auf einer weiteren Ebene verdeutlicht. Auf den ersten Schritten deines Weges dorthin möchte ich dich begleiten. Du hast drei Fähigkeiten, drei Ressourcen vor dir ausgelegt, die in dir sind und die dir Kraft und die Möglichkeit geben, dein Ziel in die Tat umzusetzen. Sei dir dessen bewusst.

Stelle dich jetzt auf die erste »Ressourcenkarte«. Wenn dein Fuß sie berührt, was empfindest du dabei, wie fühlt sich diese Fähigkeit in dir an? Lass Sie langsam von deinen Füßen, deinem Fundament in dir emporsteigen und sich überall in dir ausbreiten. Lass dich überraschen, in welcher Art und Weise das geschieht, wie du das Strömen spüren, das Ausbreiten im ganzen Körper wahrnehmen kannst. Fühlt es sich eher warm an oder ist es als Pochen oder als Wohligsein zu spüren? Hat es Farben, Licht und Helligkeit und wird so für dich wahrnehmbar? Oder gibt es dazu auch einen inneren Klang, einen Ton? Lass diese Fähigkeit sich dort setzen, wo sie in dir hingehört. Und sei dir sicher, dass sie dir zur Verfügung steht, wenn du sie benötigst.

Und gehe mit diesem Bewusstsein auf die nächste »Ressourcenkarte«, die deine zweite Fähigkeit versinnbildlicht. Achte wieder darauf, wie diese Fähigkeit in dich hineinströmt, sich ausbreitet, vielleicht in Farben und Klänge verwandelt.

Dann begib dich auf die dritte »Ressourcenkarte«, die nächste Fähigkeit in dir. Lass es genauso, wie bei den vorhergehenden Karten, in dir wirken. Ja, und wenn du dich innerlich so mit deinen Fähigkeiten in Kontakt gebracht hast, dann blicke jetzt zu deinem Bild, deinem Zielbild. Verbinde es nun mit dem, was du eben für dich erlebt hast. Sodass beides, deine Ressourcen und dein Ziel miteinander verbunden sind, sich in allem gegenseitig unterstützen und in eine Richtung wirken. So innerlich verbunden kannst du dich auf den nächsten Abschnitt deines Weges begeben.«

Phase 4: Innere Stabilität überprüfen

Während der Betroffene anschließend durch das Spalier schreitet, sprechen ihm die übrigen Teilnehmer die unterstützenden und hinderlichen Sätze von rechts und links abwechselnd zu. Wichtig ist, dass die Formulierungen originalgetreu wiederholt werden. Damit dieser Balanceakt zwischen den hinderlichen und förderlichen Faktoren auch körperlich bewusst wird, liegt in der Mitte dieses Spaliers ein Seil oder eine schmale Latte, auf dem der Betroffene »balancieren« muss.

Während er so langsam, Schritt für Schritt voranschreitet, haben Sie als Trainer die Aufgabe, Kontakt zu ihm zu halten. Wird er durch die hinderlichen Faktoren aus dem Gleichgewicht gebracht oder sieht man ihm es körperlich, an seiner Gestik und Mimik an, dass er innerlich stabil bleibt. Wenn er schwankt, dann lassen Sie ihn den Weg noch einmal beginnen. Stimmen Sie ihn am Anfang des Weges nochmals auf seine Ressourcen und seine Gefühle dazu ein, bevor er ein zweites Mal startet.

Geht er diesen Weg im unterstützenden Kontakt mit seinen Ressourcen, können Sie ihn am Ende des Weges herzlich begrüßen und die anderen Teilnehmer dazu klatschen. Überreichen Sie ihm sein Zielbild und lassen Sie ihm einen Augenblick Zeit, das Erlebte in sich nachwirken zu lassen.

Varianten

❖ Sie können statt der hinderlichen und förderlichen Faktoren auch die erweiternden und einschränkenden *Glaubenssätze* (⇨ S. 104) zusprechen lassen.

❖ Teilen Sie im Seminar ein *Zertifikat* aus, dann überreichen Sie es jedem Teilnehmer am Ende des Spaliers.

❖ Um die Übung etwas abzukürzen, können Sie alle Teilnehmer *gleichzeitig* ihre *Ressourcen aktivieren* lassen. Stellen Sie dazu alle Teilnehmer nebeneinander auf und führen Sie sie gemeinsam durch die dritte Phase. Erinnern Sie jeden Teilnehmer an seine Ressourcen und seine Gefühle, bevor er durch das Spalier balanciert.

Schwierigkeiten

Sie benötigen die Aufmerksamkeit und Geduld der Gruppe während des gesamten Prozesses.

Bemerkungen

Halten Sie während der gesamten Übung eine »feierliche Atmosphäre« aufrecht.

Praktische Erfahrungen

Diese Übung berührt. Sie macht wirklich betroffen und bewegt. Es fließt schon einmal eine Träne, manchmal auch bei mir selber.

Das persönliche Erfolgskonto

Kurzbeschreibung	**Die Teilnehmer erstellen eine Bilanz, in der Kosten und Nutzen des Transfers dargestellt werden.**
Ziel	Den Wert des Transfers deutlich vor Augen führen.
Gruppengröße	Dreier- bis Fünfergruppen.
Dauer	60 Minuten.
Material	Je Gruppe eine Pinnwand und Metaplankarten.
Metapher	Balkenwaage.
Ablauf	Die Metapher »Bilanz« lässt sich hervorragend für den Transfer nutzen. Der Nutzen kann konkret benannt und als Wert in Euro ausgedrückt werden. Bevor die Kleingruppen die Bilanz erstellen, werden im Plenum die möglichen Konten herausgearbeitet. Auf der Aufwand-Seite (links) erscheint jeweils der Nutzen, auf der Ertrags-Seite (rechts) die Kosten/Investitionen. Folgende Konten bieten sich an:

- ❖ Nutzen und Kosten aus Sicht der eigenen Person,
- ❖ des Unternehmens,
- ❖ der Kollegen,
- ❖ der Kunden,
- ❖ des Vorgesetzten,
- ❖ der materiellen Einsparungen und Investitionen usw.

In Kleingruppen wird eine Pinnwand als Bilanztafel gestaltet. Für alle Konten werden grüne Karten für den Nutzen und rote für die Kosten geschrieben. Die Karten werden so an die Pinnwand angebracht, dass jeder Teilnehmer Platz hat, seine individuellen Karten dazuzupinnen. Anschließend tauschen sich die Teilnehmer der Gruppe über die Konten aus.

Persönliches Konto

- Welche Erkenntnisse aus dem Seminar möchte ich in die Praxis umsetzen? (Beispielsweise »Ich lerne besser mit den Beschwerden der Kunden umzugehen.«)
- Welche Investitionen sind notwendig? (Zum Beispiel: »Ich muss das üben und zu Beginn wird das etwas holprig klingen. Nach zwei Wochen dürfte ich aber fit sein.«)
- Welchen persönlichen Nutzen habe ich davon? (Zum Beispiel: »Ich werde mich in Zukunft bei Beschwerden wesentlich wohler fühlen, weniger Angst vor den Anrufen haben und ausgeglichener nach Hause fahren.«)
- Wenn Sie das in Geld ausdrücken, wie hoch wäre dann der konkrete Betrag für diesen Nutzen? (Beispielsweise: »Meine Investitionen sind eher gering. Ich brauche dafür etwas Zeit und Mut, um es auszuprobieren. Sagen wir einmal Euro 100. Der Nutzen ist dagegen wesentlich höher. Mein besseres Gefühl bei Beschwerden ist mir sehr viel Wert. Das würde ich mit Euro 1.000 ansetzen.«)

Unternehmenskonto

- Was wird sich für meine Firma verändern, wenn ich die Erkenntnisse aus dem Seminar in meiner Arbeitspraxis umsetze?
- Welchen konkreten Nutzen hat meine Firma dadurch?
- Wie hoch sind die Investitionen meiner Firma dafür?
- Wenn ich das alles in Geld ausdrücke, wie hoch wären dann die Beträge in Euro?

Nach diesem Schema werden alle Konten durchgearbeitet. Jeder Teilnehmer kann sich seine persönlichen roten und grünen Karten dazu schreiben. Zum Schluss wird der Saldo gebildet. Kommt in der Summe ein Gewinn oder ein Verlust heraus? Die Ergebnisse werden im Plenum präsentiert und gemeinsam diskutiert.

Varianten

❖ Die Teilnehmer können auch eine Erfolgsbilanz des *gesamten Trainings* aufstellen.
❖ Für jedes Konto werden *Symbole* gezeichnet.

Schwierigkeiten

Es wird den Teilnehmern nicht immer leicht fallen, den konkreten Nutzen zu beschreiben. Außerdem ist es schwierig, gerade den »weichen« Faktoren, wie Gefühlen, einen konkreten Geldwert zuzuweisen. Unterstützen Sie durch Fragen wie: »Wenn Sie sich dieses Gefühl kaufen müssten, weil es für Sie sonst nicht zu erleben wäre, was würden Sie dafür ausgeben? Entspricht es etwa dem guten Gefühl, das Sie sich auf dem Jahrmarkt, durch einen Kinobesuch oder einen Urlaub kaufen?«

Anmerkungen

Natürlich können Sie statt einer Erfolgsbilanz auch eine Einnahmeüberschussrechnung durchführen. Wichtig ist das Prinzip, die »weichen« Faktoren mit einem Geldwert auszudrücken.

Praktische Erfahrungen

Normalerweise ist es eher verpönt, alles auf das Geld zu reduzieren. Diese Metapher regt zu heftigen Diskussionen an, aber oft eröffnen sich wirklich neue Einsichten, wie hoch die Bedeutung der »weichen« Faktoren ist.

Hochgenuss

Kurzbeschreibung

Die Teilnehmer beschreiben ihren persönlichen Transfer sinnlich und bekommen ihre eigene Beschreibung wiederum sinnlich zurückgespiegelt.

Ziel

Tiefere Verankerung der Motivation, sinnesspezifische Bereicherung der Attraktivität *des persönlichen Projektes* (⇨ S. 118).

Voraussetzung

Das persönliche Vorhaben bzw. Ziel ist geklärt.

Gruppengröße

In Fünfergruppen.

Dauer

30 Minuten.

Material

Ein Stuhl.

Metapher

Weihnachten: Die Vorstellung von Licht, Duft usw. weckt schon die Vorfreude.

Ablauf

Die Teilnehmer bilden Fünfergruppen. Zuerst richtet sich alle Aufmerksamkeit auf den ersten in der Gruppe. Er setzt sich auf den frei stehenden Stuhl und wird von den anderen vier nacheinander interviewt. Jeder der vier ist für einen Sinneskanal zuständig:

> *»Welche Farben verbindest du in deiner Vorstellung mit deinem Vorhaben, durch das du Wichtiges von diesem Seminar in deine Praxis hinein umsetzen wirst? Wie sind diese Farben: hell leuchtend, pastellfarbig, kräftig oder transparent? Glitzern die Farben? Und gibt es Bilder dazu, die sich in dein Bewusstsein drängen? Wenn ja, dann beschreibe sie, damit ich sie auch sehen kann.«*

Die Teilnehmer erfragen sehr ausführlich, in welcher Art und Weise er die Farben in seiner Vorstellung sehen kann. Alle Beschreibungen dazu werden von einem aus der Gruppe aufgeschrieben. Dabei muss unbedingt auf die genaue Wortwahl geachtet werden. Genau wie der Kandidat seine Beschreibungen definiert hat, genauso sollen die Begriffe notiert werden. Die nächste Frage lautet:

> *»Stell dir vor, dass dein Vorhaben aus Tönen besteht. Wie klingen diese Töne in dir? Hörst du bestimmte Musikinstrumente? Klingen sie eher hell, klar, laut oder leise, melodiös oder monoton? Kommen die Töne von nah oder fern? Wie nimmst du sie wahr? Kommen sie von oben oder von unten oder entstehen sie in dir selbst? Lässt sich die Quelle der Klänge im Raum orten oder nicht? Beschreibe die Eigenschaften der Töne mit deinen Worten so genau wie du kannst.«*

Auch diese Äußerungen werden von einem anderen Teammitglied originalgetreu mitgeschrieben. Dann folgen die Gefühle und Körperwahrnehmungen:

> *»Wie fühlt sich dein Ziel, dein Vorhaben an? Ist es eher warm oder frisch und kalt; zart, weich oder hart; überall zu spüren oder nur an bestimmten Körperregionen wahrzunehmen; fühlt es sich eher wie eine leichte Brise an, die dir durch dein Haar streicht, oder wie die ersten Sonnenstrahlen an einem Sommermorgen auf deinem Gesicht? Wie beschreibst du das?«*

Auch diese Aussagen werden genau notiert. In der letzten Phase geht es noch um den Geschmack und Geruch:

> *»Welchen Geruch hat dein Vorhaben, dein Ziel? Riecht es scharf oder lieblich, schwer oder leicht? Gibt es ein bestimmtes Gewürz, an das er dich erinnert? Oder ist es der Duft einer Frucht oder eines Parfüms? Und wie ist es mit dem Geschmack? Schmeckt es süß oder sauer, mild oder scharf? Kommen dir bestimmte Gewürze, Speisen, Früchte usw. in den Sinn?«*

Nachdem alle Sinneskanäle angesprochen worden sind, beginnt die Zeit des Genusses. Der Kandidat schließt seine Augen und stellt sich innerlich ganz auf die Worte ein, die ihm gleich von den anderen zurückgespiegelt werden. Die anderen vier Teilnehmer gehen langsam und fast unhörbar um ihn herum und wiederholen dabei jeweils die notierten Worte aus dem jeweiligen Sinneskanal. Sie flüstern ihm die Worte einfühlsam nah am Ohr zu, bewegen ihre Stimme mal weiter weg oder lassen sie von oben über dem Kopf erklingen. Die Worte werden dabei durcheinander gesprochen, sodass ein Gewirr von Sinneswörtern entsteht. Es entsteht ein wundervoller einfühlender »Sinnesteppich«. Nach ungefähr fünf Minuten klingen die Worte aus und der Teilnehmer hat noch etwas Zeit, sie in sich nachklingen zu lassen.

Dann werden die Rollen gewechselt und der nächste Teilnehmer darf seinen »Sinnesteppich« entwerfen, solange, bis alle einmal in den Hochgenuss gekommen sind.

Variante

Die Teilnehmer entwerfen ihren persönlichen *Erfolgsteppich*. Die Fragen lauten dann: Was wird sich positiv verändern, wenn du deine Ideen in die Praxis umsetzt? Wie werden sich deine Kollegen, dein Vorgesetzter verhalten? Woran bemerkst du den Erfolg? Was wird sich für dich persönlich verändern?

Schwierigkeiten

Der Raum muss ruhig gelegen sein und die Gruppen dürfen sich gegenseitig nicht zu sehr stören.

Bemerkungen

Geht die Teilnehmerzahl nicht auf oder stehen nicht genügend Teilnehmer zur Verfügung, kann auf den Geschmacks- und Geruchssinn auch verzichtet werden. Genauso können aber zwei Sinneskanäle von einer Person übernommen werden. Die Gruppen sollten aber mindestens aus drei Personen bestehen, damit verschiedene Stimmen zu hören sind.

Praktische Erfahrungen

Ich empfehle Ihnen die Übung einmal an sich selbst auszuprobieren. Aber Achtung: Es besteht Suchtgefahr! Die Übung ist wirklich ein Hochgenuss!

Transfer-Rituale

Kurzbeschreibung	**Am Ende des Seminars oder Workshops wird ein Ritual durchgeführt, das den Transfer emotional verankert.**
Ziel	Integration des Transfers in die eigene Person.
Gruppengröße	Im gesamten Plenum.
Dauer	Je nach Ritual ein bis drei Stunden.
Material	Je nach Ritual.
Metapher	Geburtstagsfeier, Hochzeit, Schwitzhütte, Mutproben.
Ablauf	Das Ende eines Seminars oder Workshops können Sie durch verschiedene Transfer-Rituale ausklingen lassen. Ich habe einige dieser Rituale hier für Sie zusammengestellt:

❖ **Baumzeremonie:** Jeder Teilnehmer sucht sich im Freien ein Baum und führt für sich diese Zeremonie durch. Mit folgenden Worten können Sie die Teilnehmer in die Baumzeremonie einführen:

> »Die Baumzeremonie ist ein altes indianisches Ritual. In dieser Kultur ist ein Baum ein lebendes Wesen, mit dem wir Kontakt aufnehmen können. Er ermöglicht, unsere Intuition zu wecken. Damit Sie Ihren persönlichen Baum finden, begeben Sie sich in den Park oder Wald und lassen sich von einem Baum finden. Denken Sie nicht darüber nach, welcher Baum das sein könnte, sondern lassen Sie sich intuitiv anziehen. Nehmen Sie Kontakt mit dem Baum auf, umarmen Sie ihn, lehnen Sie sich an ihn, spüren Sie seine Kraft. Gehen Sie dreimal um

den Baum herum, während Ihre Hand über seine Rinde streicht. Dann setzen Sie sich jeweils in den vier Himmelsrichtungen an den Baum. Jede Richtung hat eine besondere Bedeutung, eine besondere Fragestellung, die Sie auf Ihr persönliches Projekt, die Zeit in diesem Seminar oder Ihre Zeit nach dem Training beziehen können.

*Der **Süden** steht für das Wasser, für das eigene innere Kind, den Emotionen und Visionen. Fragen Sie sich an dieser Stelle:*

* ❖ *Wie sieht meine Vision aus, zu der mich das Seminar angeregt hat?*
* ❖ *Welche Gefühle ruft die Vision in mir wach?*
* ❖ *Worauf kann ich vertrauen, wo traue ich mir selber?*

*Der **Westen** steht für die Erde, das Konkrete. Stellen Sie sich hier folgende Fragen:*

* ❖ *Was sind meine konkreten Schritte, die ich unternehmen werde?*
* ❖ *Was lasse ich los, um diese Schritte zu gehen?*
* ❖ *Welche Aktivitäten werde ich umsetzen?*

*Der **Norden** steht für die Luft, die Glaubenssätze. Hier können Sie sich fragen:*

* ❖ *Was denke ich über mein Vorhaben, mein Transfer?*
* ❖ *Welche neuen Glaubenssätze möchte ich in meiner Berufswelt leben?*

*Der **Osten** steht für das Feuer, die Spiritualität. Folgende Fragen gilt es hier zu beantworten:*

* ❖ *Was ist meine Begeisterung, Motivation für mein Vorhaben?*
* ❖ *Was muss ich loslassen, um mein ›inneres Feuer‹ weiter zu entfachen?*

Setzen Sie sich in jede Richtung, lassen Sie sich von dem, was Sie dort konkret vor sich sehen und der Kraft des Ortes anregen. Machen Sie sich dazu Ihre Aufzeichnungen. Diese Übung ist nur für Sie ganz persönlich. Ihre Eindrücke und Erlebnisse behalten Sie für sich.«

Die Teilnehmer suchen dann ihren Baum auf, setzen sich in die vier Himmelsrichtungen und beantworten intuitiv die Fragen für sich.

❖ **Symbol verschenken:** Jeder Teilnehmer sucht sich in der Natur ein Symbol, das für seinen persönlichen Transfer steht. Im Seminar werden dann alle Symbole in die Mitte des Raumes gelegt. Durch ein paar einstimmende Worte kann ihre Bedeutung noch verstärkt und der nächste Schritt eingeleitet werden:

> *»Mit jedem dieser Symbole verbindet sich etwas ganz Besonderes. Die Symbole stehen für Gefühle, Gedanken, Wünsche, Absichten oder konkrete Handlungen. Weswegen sie auch immer ausgewählt wurden, sie sind etwas Einmaliges geworden. Lassen Sie die Symbole auf sich wirken und spüren Sie nach, welche Bedeutungen in ihnen schwingen können. Manche Symbole ziehen sich wahrscheinlich magisch an und andere haben kaum eine Beziehung zueinander. Versuchen Sie Paare zu bilden, Symbole zusammenzuführen, die zusammengehören. Lassen Sie Ihr eigenes Symbol dabei außer Acht und lassen Sie andere entscheiden, wozu es sich hingezogen fühlt. Versuchen Sie nun diese Aufgabe miteinander zu lösen.«*

Nachdem alle Symbole im Plenum zu Paaren zusammengelegt worden sind, kommen die jeweiligen Eigentümer zusammen, tauschen sich über den Gehalt ihrer Symbole aus und schenken sie sich anschließend gegenseitig.

❖ **Die zweite Haut:** Für dieses Ritual benötigen Sie für jeden Teilnehmer ein unbedrucktes T-Shirt und wasserfeste Stifte. Jeder Teilnehmer schreibt oder malt seinen Namen darauf und legt es in dem Raum aus. Nun beginnt das große Malen. Jeder skizziert ein Symbol auf jedes Shirt. Es soll für eine Fähigkeit oder eine Besonderheit stehen, die den Teilnehmer auszeichnet. Und natürlich soll es auch einen Bezug zum Transfer haben. Nachdem so alle T-Shirts mehrfach symbolisch angereichert worden sind, beginnt der zweite Teil des Rituals. Die Teilnehmer bilden ein Spalier, durch das jeweils ein Teilnehmer mit seinem übergestreiften T-Shirt schreitet. Bevor er den ersten Schritt in das Spalier hineingeht, schildert er noch einmal, was er vom Seminar umsetzen wird. Zur Unterstützung werden ihm dann Schritt für Schritt die Bedeutung der einzelnen Symbole von jedem Teilnehmer erklärt. So mehrfach beschenkt und emotional bewegt, verlässt er das Spalier und stellt sich nach einer Minute der Besinnung selbst dazu. Dann schreitet der nächste Teilnehmer hindurch.

❖ **Gordischer Knoten:** Sie benötigen für dieses Ritual ungefähr 20 Zentimeter lange Holzstäbe und wasserfeste Stifte. Jeder Teilnehmer erhält einen Stab, auf dem er sein Vorhaben aufschreibt und mit einem Symbol versieht. Die Teilnehmer stellen sich dann jeweils zu zehnt in einem Kreis auf. In der einen Hand hält jeder seinen Stab, die andere Hand ist frei. Mit geschlossenen Augen versucht jeder, das freie Ende eines Stabes zu finden, bis alle Stäbe von zwei Händen umschlossen sind. Dann gilt es, dieses Wirrwarr (natürlich mit offenen Augen) zu entflechten. Die Stäbe dürfen dabei nicht losgelassen werden. Wenn es nicht auf Anhieb gelingt, dann wird der Kreis ein zweites oder drittes Mal neu gebildet. Diese Vorgehensweise entspricht der Praxis: Auch dort wird nicht jeder Versuch, sein Vorhaben umzusetzen, sofort Früchte tragen. Zum Abschluss kann die »Transfertrommel« zum Ertönen gebracht werden, indem alle Stäbe einen gemeinsamen Rhythmus schlagen.

❖ **Fundament:** Bei diesem Ritual muss zugepackt werden. Für jeden Teilnehmer benötigen Sie einen kleinen Pflasterstein. Auf diesen Stein schreibt jeder sein eigenes Vorhaben zusammen mit einem Symbol. Alle Steine werden dann als gemeinsames Fundament auf den Boden gelegt. Alle sollen sich auf dieses Fundament stellen können. Das ist natürlich eine Herausforderung, genauso wie die Umsetzung der Vorhaben in die Praxis. Wie müssen dazu die Steine gelegt werden? Wie müssen sich die Teilnehmer auf die Steine stellen, damit dies gelingt? Nehmen Sie ein Foto von diesem Ereignis auf – als Andenken für ihre Teilnehmer.

❖ **Skulptur:** Mit Naturmaterialien wird in kleinen Gruppen (eventuell den *Transfergruppen* ⇨ S. 77) jeweils eine Skulptur für den Transfer der persönlichen Vorhaben gestaltet. Diese Skulpturen werden durch ein Tuch verhüllt im Plenum aufgestellt. Als Einweihungsprozedur hält jede Gruppe eine kurze Rede zum Thema Transfer. Danach wird unter stürmischem Applaus die erste Skulptur enthüllt, Fotos davon geschossen und eventuell auf das Ereignis angestoßen. Danach schließt sich die nächste Gruppe an usw. Genauso gut können die Teilnehmer eine »lebende Skulptur« darstellen, die verschiedene Phasen der Umsetzung eines Vorhabens thematisiert: erste Euphorie, zaghafte Umsetzungsversuche, erstes Frusterlebnis und zum Abschluss der Erfolg.

❖ **Zukunftssketch aufführen:** In dem Seminar werden mehrere Gruppen gebildet (eventuell die bereits bestehenden *Transfergruppen* ⇨ S. 77). Sie erhalten die Aufgabe, sich einen Zukunftssketch auszudenken und aufzuführen. Er soll humorvoll und kreativ zeigen, wie sich der Arbeitsalltag durch den Seminartransfer verändert.

Variante

Die *Teilnehmer* erhalten in Kleingruppen den Auftrag, selbst ein *Transfer-Ritual* zu *entwickeln*. Dazu können Vorgaben vereinbart werden, die zu berücksichtigen sind (zum Beispiel: Dauer, Bezug zu den persönlichen Vorhaben, soll die Gefühle ansprechen).

Schwierigkeiten

Das Ritual muss passen: Zu den Teilnehmern, zum Thema und zum Rahmen. Achten Sie darauf, dass es ernst genommen wird, nicht zum Klamauk verkommt, ohne aber dem Entstehungsprozess die spielerische Leichtigkeit zu nehmen.

Bemerkungen

Versuchen Sie mit Ihren Worten, mit dem, was und wie Sie es sagen, den Vorgang der Entstehung des Rituals in eine »feierliche Stimmung« einzubetten. Dies verleiht der Situation einen würdigen Rahmen und unterstreicht die tiefere Bedeutung von Ritualen generell.

Praktische Erfahrungen

Ich schätze solche Rituale sehr. Ich habe das Gefühl, dass die Menschen auf einer bestimmten Ebene danach hungern; wahrscheinlich, weil sie im Alltag kaum noch bewusst stattfinden. In unserer Suggestopädie-Ausbildung führe ich zusammen mit meiner Kotrainerin Eva Urbantschitsch als Abschlussritual eine »schamanische Schwitzhütte« durch. Das ist für uns mittlerweile ein nicht mehr wegzudenkendes, tief greifendes persönliches Integrations-Ritual und ein würdevoller Abschluss unserer Ausbildung.

Nagel-Metapher

Kurzbeschreibung	**Mit einer symbolischen Handlung wird das Prinzip der Selbstverantwortung bewusst gemacht.**
Ziel	Wachhalten der Flexibilität bei der Umsetzung des Vorhabens, ständiges Überprüfen der Wirksamkeit tiefer verankern.
Gruppengröße	Das gesamte Plenum.
Dauer	20 Minuten.
Material	Holzklotz, einige große Zimmermannsnägel, Hammer und Kneifzange.
Metapher	Die Übung ist selbst eine Metapher.
Ablauf	Am letzten Tag werden ohne Kommentar die Utensilien in die Mitte des Plenums gelegt. Nachdem das Vorhaben geplant oder der Abschluss des Seminars soweit durchgeführt worden ist, wird die Metapher angesprochen:

> *»Wer ist bereit, einen Nagel in den Klotz zu schlagen? Es geht nicht darum, ihn wie auf dem Jahrmarkt mit einem kräftigen Schlag in das Holz zu treiben. Einige Schläge und einige Zentimeter reichen aus.* (Warten Sie, bis ein Teilnehmer den Hammer in die Hand nimmt.) *Es geht also vielmehr darum, genau zu beobachten, wie Herr oder Frau … das macht. Achten Sie bitte genau auf alle Details. Ich vermute, dass auch heute bei dieser Übung wieder etwas ganz Entscheidendes passieren wird.* (Der Teilnehmer treibt den Nagel mit einigen Schlägen etwas in den Klotz hinein). *Danke. Ja, es ist wieder geschehen! Was haben Sie beobachtet?* (Sammeln Sie die Aussagen und brechen Sie nach etwa sechs bis acht Beiträgen ab.) *Darauf, worauf es wirklich ankommt, haben Sie leider noch nicht wahrge-*

nommen. Ich gebe Ihnen eine weitere Chance, aber schauen Sie diesmal noch intensiver hin. Wer erklärt sich bereit? (Ein anderer Teilnehmer zieht den Nagel mit der Kneifzange wieder heraus.) Und, was haben Sie beobachtet? (Wieder lassen Sie sechs bis acht Beiträge zu und brechen dann ab.) Danke, aber das Wesentliche haben Sie leider wieder nicht wahrgenommen. Worauf es mir ankommt, ist der Augenblick, nachdem der Nagel eingeschlagen oder aus dem Holz herausgezogen wurde. Jeder Teilnehmer hat danach das Werkzeug, den Hammer oder die Zange wieder aus der Hand gelegt. Und darauf kommt es an! Kein Mensch geht ständig mit einem Hammer durch die Welt, nur weil er einmal beim Nageleinschlagen hilfreich war. Jeder würde mit dem Kopf schütteln, wenn das so wäre. Genauso verhält es sich mit dem, was Sie sich vorgenommen haben. Überprüfen Sie ständig, ob Sie Ihr Vorhaben oder diese oder jene Methode noch brauchen, oder ob es an der Zeit ist, den Hammer zur Seite zu legen und dafür eine Zange in die Hand zu nehmen. Lassen Sie sich von Ihrem Alltag überraschen. Entscheiden Sie dementsprechend, was Sie benötigen und in welcher Art und Weise Sie die Methoden umsetzen.«

Varianten

❖ Wenn Ihnen Metall mehr zusagt, lassen Sie einen *Metallklotz anfeilen.*
❖ Sind Ihre Wahrnehmungskanäle eher gustatorisch ausgeprägt, dann lassen Sie ein *Apfel schälen* und anschließend das Kerngehäuse heraustrennen. Ihrer Fantasie sind keine Grenzen gesetzt.

Schwierigkeiten

Es gibt Teilnehmer, die setzen allen Ehrgeiz daran, den Nagel komplett einzuschlagen. Bremsen Sie solch überschäumende Energie rechtzeitig, sonst hat die Kneifzange gut zu tun.

Bemerkungen

Je gröber der Holzklotz, je größer die Nägel und die Werkzeuge, desto größer die Wirkung, – desto gewichtiger allerdings auch das Gepäck.

Praktische Erfahrungen

Dieses kleine Abschlussritual macht mir immer sehr viel Spaß. Ich produziere bewusst eine angespannte, etwas feierliche Stimmung, damit dieses Erlebnis auch gefühlsmäßig mitgenommen wird. Die Teilnehmer gingen bisher immer gut mit. Das Rätselraten darf nur nicht zu lange dauern.

Einmal hat ein Teilnehmer den Nagel mit dem Kopf auf den Boden gestellt und den Holzklotz auf den Nagel geschlagen. Auch das ließ sich als Metapher auswerten.

Schatzkiste

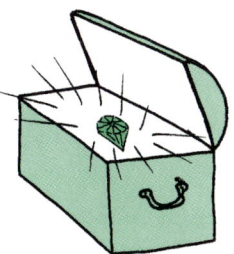

Kurzbeschreibung	**Am Ende des Seminars wird eine Schatzkiste mit symbolischen Inhalten für die Teilnehmer des nächsten Seminars vergraben.**
Ziel	Erfahrungen vernetzen, Neugierde produzieren, wirkungsvolles Symbol setzen.
Voraussetzungen	Diese Übung setzt voraus, dass Sie bestimmte Seminare wiederholt an einem Ort durchführen. Natürlich muss ein geeigneter Platz zum Vergraben zur Verfügung stehen.
Gruppengröße	Das gesamte Plenum und Kleingruppen.
Dauer	60 Minuten.
Material	Geeignete Schatzkiste, Utensilien, Spaten.
Metapher	Schatzinsel, das »Kollektive Unbewusste« nach C. G. Jung.
Ablauf	Diese Methode vernetzt Ihre Seminare symbolisch miteinander. Am Ende des einen Trainings vergraben die Teilnehmer eine Schatzkiste, die am Anfang eines nächsten Seminars wieder ausgegraben wird. So entsteht ein dauernder Kreislauf mit anregenden Symbolen und Gedanken, ohne dass die Teilnehmer sich untereinander kennen. Konkret kann das Ganze so ablaufen:

Schatzkiste füllen
Die Idee der Schatzkiste wird vorgestellt und die Truhe in die Mitte des Plenums postiert. Lassen Sie nun im Plenum oder in Kleingruppen sammeln, was in die Truhe für das nächste Seminar gelegt wird. Jeder hat selbst Erfahrungen gemacht, die ihm für die Schatzkiste wichtig sind. Lassen Sie der Kreativität der Gruppe freien Raum. Vereinbaren Sie einige Kriterien für den Inhalt:

❖ Der Inhalt setzt sich aus mindestens einem Symbol für jeden Teilnehmer zusammen.
❖ Die Symbole sind transferunterstützend und begleiten jeden das gesamte Seminar hindurch.
❖ Sie passen in die Schatzkiste hinein und überdauern einige Wochen oder Monate.
❖ Es gibt eine Botschaft, wie mit dem Inhalt umgegangen werden soll.

Schatzkiste vergraben
Auf dem anliegenden Gelände wird ein entsprechender Ort ausgesucht. Die Teilnehmer zeichnen eine Karte mit dem Versteck, die den Teilnehmern am nächsten Seminar die Suche ermöglicht. In einem würdigen Rahmen wird der Schatz der Erde übergeben und gut abgedeckt. Nichts darf darauf hinweisen, dass an dieser Stelle etwas vergraben ist. Die Zeremonie kann fotografiert werden und alle Teilnehmer erhalten ein Bild zugesandt.

Schatzkiste ausgraben
Den neuen Seminarteilnehmern wird die Idee der Schatzkiste vorgestellt und der Plan überreicht. Die Ausgrabung erfolgt gleich zu Beginn des Seminars. Im Plenum wird die Truhe geöffnet, die Botschaft verlesen und umgesetzt.

Varianten

❖ Steht kein geeigneter Platz zum Vergraben bereit oder finden Ihre Trainings an unterschiedlichen Orten statt, so können Sie sich folgendermaßen behelfen. Als Schatzkiste dient dann ein *Postpaket*, das zu Beginn des Seminars (scheinbar) zugestellt worden ist.
❖ Genauso können für die Teilnehmer *kleine Päckchen* zusammengestellt werden. Aus diesen Schätzen findet dann jeder intuitiv (vielleicht mit geschlossenen Augen) seinen persönlichen Schatz heraus.

Schwierigkeiten

Die einzige Schwierigkeit wird darin liegen, einen sicheren Ort zu finden, an dem Fremde nicht auf die Idee kommen, die Schatzkiste auszugraben.

Bemerkungen

Fotografieren Sie die Aktionen und gestalten Sie ein Schatzbuch. Das können Sie dann im Seminar auslegen.

Praktische Erfahrungen

Diese Übung habe ich selbst bisher noch nicht eingesetzt. Ich werde sie aber bei unserer suggestopädischen Ausbildung umsetzen. Da diese allerdings nur einmal im Jahr stattfindet, wird es noch eine Weile dauern, bis ich erste Erfahrungen gesammelt habe.

Methoden – Danach

Transfer in der Praxis selbst sichern

- ❖ Auftragsabschluss
- ❖ Hotline
- ❖ Praxisbegleitung
- ❖ Veränderungsbeobachter
- ❖ Austauschgenerator
- ❖ Netzwerk
- ❖ Netzbriefe

Auftragsabschluss

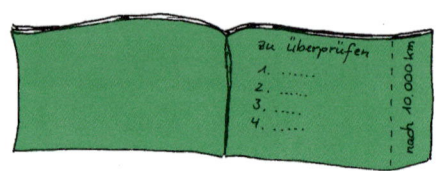

Kurzbeschreibung	**Nach Abschluss der vereinbarten Maßnahmen wird ein Abschlussgespräch über die Zielerreichung durchgeführt.**
Ziel	Die Umsetzung sicherstellen, eventuell nachzuregeln, einen klaren Abschluss des Auftrages herstellen und aus Erfahrungen lernen.
Gruppengröße	Zweiergespräch.
Dauer	60 Minuten.
Material	Fragenliste.
Metapher	Inventur durchführen, 10.000-km-Check.
Ablauf	Dieses Gespräch wird schon bei der *Auftragsklärung* (⇨ S. 34) vereinbart. Die Ziele, Kriterien und Verantwortungen wurden darin schriftlich vereinbart. So können Sie sehr zielgerichtet an das Gespräch herangehen. Zudem ist der persönliche Kontakt bereits hergestellt. Ich habe Ihnen auch hier eine Frageliste zusammengestellt, an der Sie sich orientieren können. Wählen Sie die für Sie geeigneten Fragen aus oder lassen Sie sich einfach nur anregen:

Ziel überprüfen
- ❖ Welche Veränderungen sind eingetreten, was ist anders geworden?
- ❖ Wodurch haben Sie diese persönlich erlebt beziehungsweise wahrgenommen?
- ❖ Welche Veränderungen sind aus Sicht Ihrer Mitarbeiter (Kunden) eingetreten?
- ❖ Zu wie viel Prozent sind die vereinbarten Kriterien erreicht worden?
- ❖ Wie haben sich die Veränderungen auf der Mitarbeiterebene und für Sie ausgewirkt?

❖ Was hat sich vielleicht noch überraschenderweise verändert, was im Vorfeld nicht abzusehen war?

❖ Wo werden Sie in einem Jahr stehen, wenn Sie die Erfahrungen des Seminars in Ihre Alltagsarbeit integrieren? Was wird sich dann alles verändert haben?

❖ Hat sich das abgesprochene Ziel während der Durchführung der Maßnahme verändert? Wie und in welche Richtung?

❖ Welches subjektive Gefühl haben Sie zu der gesamten Maßnahme? Welches vermuten Sie bei Ihren Mitarbeitern?

Transfermaßnahmen überprüfen

❖ Wie haben sich die abgesprochenen Transfermaßnahmen bewährt? Was war dabei unterstützend, was müsste verändert werden?

❖ Welches neue Verhalten und welche Fähigkeiten sind durch die Transfermaßnahmen aktiviert worden?

❖ Hat sich das auf andere Arbeitsbereiche übertragen?

❖ Welche Erfahrung haben Sie ganz persönlich mit den Transfermaßnahmen gewonnen? Was hat sich dadurch für Sie verändert?

❖ Welche Ideen sind Ihnen während der gesamten Maßnahme oder jetzt eingefallen, um den Transfer weiter zu optimieren?

❖ Wenn wir diese Maßnahme noch einmal durchführen, wie würden Sie dann den Transfer sicherstellen?

Nachregeln

❖ Welche der eingetretenen positiven Effekte sollen noch weiter verstärkt werden? Wie kann das umgesetzt werden?

❖ Welche Umsetzungsschwierigkeiten sind aufgetreten? Welche Maßnahmen wurden oder können noch ergriffen werden?

❖ Welcher verdeckte Nutzen versteckt sich eventuell hinter diesen Problemen? Aus Sicht Ihrer Mitarbeiter, für Sie selbst oder für das ganze System, in dem Sie arbeiten?

❖ Wenn das so ist, was sollte dann jetzt noch verändert werden?

❖ Was kann realistischerweise jetzt konkret nachgeregelt werden?

Gespräch abschließen

❖ Wenn Sie jetzt nach unserem Gespräch eine Bilanz zur gesamten Maßnahme ziehen, wie sieht sie dann aus?

❖ Welche Bilanz würden Ihre Mitarbeiter bzw. Kunden ziehen?

Varianten	❖ Sie können den Auftragsabschluss ähnlich wie bei der *Auftragsklärung* (⇨ S. 34) auch in einem *Workshop* durchführen. Lassen Sie die Teilnehmer dann wieder aus den verschiedenen Rollen (Mitarbeiter, Führungskraft, Kunden) heraus die Maßnahme reflektieren.
	❖ Führen Sie den Auftragsabschluss als letzten Baustein direkt *im Seminar* durch.
Schwierigkeiten	Vereinbaren Sie das Gespräch schon bei der Auftragsklärung verbindlich. Denn Sie werden garantiert mit der Zeitknappheit von Führungskräften konfrontiert.
Bemerkungen	Nutzen Sie den Auftragsabschluss als anregende Kreativitätsübung. Welche Ideen entstehen während des Gespräches? Halten Sie sich einen Zettel bereit, um die Gedanken aufzuschreiben.
Praktische Erfahrungen	Der Alltag holt die Teilnehmer schnell wieder ein. Die genaue Beobachtung der Veränderungen fällt den Teilnehmern und Führungskräften oft schwer. Fragen Sie daher genau und wiederholt nach.

Hotline

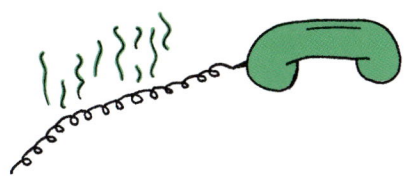

Kurzbeschreibung	**Der Trainer oder das Trainingsinstitut bietet eine kostenpflichtige Transfer-Hotline an, durch die die Themen im Seminar weiter bearbeitet werden können.**
Ziel	Praxisfragen nach dem Seminar sofort klären. Transfersicherung.
Gruppengröße	Einzelgespräche.
Dauer	Je nach Gesprächsaufwand unterschiedlich.
Material	Büro.
Metapher	Das »rote Telefon«.
Ablauf	Das Seminarkonzept besteht nicht nur aus dem reinen Training, sondern bezieht explizit die Zeit danach durch das Angebot einer Hotline mit ein. An bestimmten Tagen und Zeiten steht dieser Betreuungsservice den Teilnehmern zur Verfügung.

Dieser Service wird bereits bei der Auftragsklärung und natürlich im Seminar angesprochen und die notwendigen Rahmenbedingungen dazu festgelegt. Folgende Kriterien sollten geklärt werden:

❖ Zeiten, zu denen die Hotline besetzt ist.
❖ Welche Kosten werden wie berechnet?
❖ Mögliche Begrenzung der Beratungszahl bzw. -dauer.
❖ Welchen Ablauf hat die telefonische Beratung?
❖ Wo liegen die Grenzen einer solchen Beratung?

Variante

Die Kosten können auch über eine *0180-Nummer* abgerechnet werden.

Schwierigkeiten

Solange es um Sachfragen geht, sind die Auskünfte eher unproblematisch. Kritischer wird es bei Fragen, die die persönliche Situation oder Entwicklung zum Inhalt haben. Da im Training der Kontakt bereits hergestellt worden ist, kann auf dieser Beziehungsebene angesetzt werden. Für die Hotline kommen dann aber nur Sie als Trainer in Frage.

Bemerkungen

Eine funktionierende Hotline wird Sie von anderen Anbietern unterscheiden und Ihren Marktwert erhöhen. Vielleicht erstellen Sie dafür einmal ein *persönliches Erfolgskonto* (⇨ S. 160).

Praktische Erfahrungen

Selbst habe ich bisher noch keine Hotline angeboten, aber dennoch vielen Seminarteilnehmern im Nachhinein per Telefon mit Rat und Tat zur Verfügung gestanden. Aus Sicht der Teilnehmer handelte es sich dann immer um wichtige Fragen, deren Bearbeitung von großem Nutzen für sie war.

Praxisbegleitung

Kurzbeschreibung	**Nach dem Seminar werden bestimmte Termine vom Trainer vor Ort wahrgenommen, um die Umsetzung vor Ort weiter sicherzustellen.**
Metaziel	Genaue Anpassung des Seminarinhaltes an den Arbeitsplatz.
Voraussetzung	Es ist ein *persönliches Projekt* (⇨ S. 118) erarbeitet worden.
Gruppengröße	Einzelberatung bis hin zu größeren Gruppen.
Dauer	Variabel.
Material	Möglichst Originalmaterial (Flipcharts, Ergebnisse usw.) aus dem Seminar. Vorgefertigte Feedbackbögen für die direkte Begleitung am Arbeitsplatz.
Metapher	Der Handwerker, der zur Reparatur ins Haus kommt.
Ablauf	Bereits bei der Seminarbeschreibung bzw. bei der *Auftragsklärung* (⇨ S. 34) wird diese Weiterführung des Trainings angeboten.

Im Seminar wird am letzten Tag genau ausgehandelt, wie solch eine Praxisbegleitung aussehen kann. Welche von den durchgearbeiteten Themen bieten sich dafür an? In welcher Zeit danach muss die Weiterführung stattfinden? Was ist dabei vor Ort unbedingt zu berücksichtigen? Wer muss im Arbeitsumfeld unbedingt und wer optimalerweise beteiligt werden? Kann die Praxisbegleitung in Gruppen oder nur im Einzelkontakt durchgeführt werden? Wie lange soll sie dauern und wie oft soll sie wiederholt werden?

Die Erarbeitung eines *persönlichen Projekts* (⇨ S. 118) mit konkreten Umsetzungszielen und Kriterien ist eine unbedingte Voraussetzung für diese Methode.

Innerlich einstimmen

Es kommen die Seminarteilnehmer vor Ort zu einem Gruppentreffen zusammen. Zu Beginn wird der sachliche und gefühlsmäßige Bezug zum Seminar wieder hergestellt. Führen Sie eine Fantasiereise durch das Training durch (Anregungen finden Sie dafür in der Übung *Reise durch den Tag* ⇨ S. 89). Original-Flipcharts und Seminarergebnisse können als äußerer Anker dienen.

Die Projekte reflektieren

Anschließend werden die Projekte gemeinsam reflektiert. Was konnte mit welchen Erfolgen umgesetzt werden? Welche Schwierigkeiten, Einwände gab es? Wie hat sich die Projektumsetzung auf das Arbeitsumfeld, auf die Kollegen ausgewirkt? Gemeinsam werden dann nach der Methode *Einwandbehandlung* (⇨ S. 80) Lösungen gesucht.

Feedback am Arbeitsplatz

In der nächsten Phase findet dann die konkrete Begleitung am Arbeitsplatz statt. Während der Teilnehmer seiner Arbeit nachgeht, wird er von Ihnen beobachtet und bekommt Rückmeldungen. Diese Rückmeldungen können wie folgt aussehen:

Quadratisches Feedback nach Schulz von Thun

❖ *Sach-Feedback:* Wie verhält sich der Teilnehmer ganz konkret? (Was wurde konkret und ohne Bewertung beobachtet. Zum Beispiel: »Sie haben nach Ihrem Vorgang ungefähr fünf Minuten gesucht.«)

❖ *Beziehungs-Feedback:* Welche Auswirkungen hat das Verhalten auf andere? (Zum Beispiel: »Durch Ihr Suchen wurde Ihre Kollegin ganz nervös und hat sich auch körperlich von Ihnen leicht abgewandt.«)

❖ *Selbstkundgabe-Feedback:* Was sagt die Person über sich selbst aus? Was teilt die Person von sich selber durch ihr Verhalten mit? (Zum Beispiel: »Ich habe die Vermutung, dass Sie ärgerlich über sich selbst geworden sind.«)

❖ *Appell-Feedback:* Welche Tipps können gegeben werden? (Zum Beispiel: »Ich empfehle ein Ordnungssystem einzuführen. Sie können folgendermaßen vorgehen …«).

Feedback nach den neurologischen Ebenen nach Dilts

❖ *Umwelt:* Wie gestaltet sich das Umfeld des Teilnehmers? (Zum Beispiel: »Ich sehe viele Papierstücke auf Ihrem Schreibtisch. Sie werden ungefähr sechs Mal in der Stunde angerufen und jedes Gespräch dauert fast zehn Minuten.«)

❖ *Verhalten:* Welches Verhalten – ohne Bewertungen – ist beobachtbar? (Zum Beispiel: »Während der Telefongespräche stellen Sie ganz gezielte Fragen und bauen die nächsten Fragen konkret darauf auf. Sie sprechen sehr schnell. Ihr Gesprächsanteil liegt bei etwa 80 Prozent.«)

❖ *Fähigkeiten:* Welche Kompetenzen sind zu beobachten? (Zum Beispiel: »Sie können sehr analytisch denken und gut komplexe Sachverhalten aufnehmen.«)

❖ *Glaubenssätze:* Welche vermuteten persönlichen Regeln bzw. verinnerlichten Sätze existieren bei der Arbeit? (Zum Beispiel: »Ich vermute bei Ihnen folgenden Glaubenssatz: Um effektiv zu arbeiten, hilft es, immer schnell auf den Punkt zu kommen.«)

❖ *Werte:* Auf welchen Grundannahmen beruht die Arbeit? (Zum Beispiel: »Ich vermute bei Ihnen, dass Effektivität vor Kontakt kommt.«)

❖ *Identität:* Welcher charakteristische Name passt zum Teilnehmer, der die Art und Weise seiner Arbeit widerspiegelt. (Zum Beispiel: »Ich würde Ihnen den Namen ›Der Genaue‹ geben.«)

❖ *Kraftquelle:* Welche Motivationsquelle ist zu erspüren? (Zum Beispiel: »Ich glaube, dass Ihre Motivationsquelle die Effektivität ist. Das Gefühl, viel geschafft zu haben; die erledigten Vorgänge zu sehen.«)

Wichtig ist die eigene Klarheit darüber, dass es ab den Fähigkeiten um Vermutungen bzw. Hypothesen geht. Deshalb ist die entsprechende Formulierung des Feedbacks sehr wichtig.

Abschluss

Nach der Phase der Beobachtung und des Feedbacks werden neue bzw. veränderte oder erweiterte Ziele festgelegt. Hierbei sind die Zielkriterien, wie beim *persönlichen Projekt* (⇨ S. 118) beschrieben, wieder von großer Bedeutung.

Varianten

❖ Laden Sie zur Transferreflektion vor Ort die »*Neuen Hasen*« *und die »Alten Hasen*« ein. Bilden Sie zwei Positionen und lassen Sie die beiden Pole darüber austauschen: Wie erleben sich die »neuen« und die »alten Hasen« in der Praxis? Was brauchen die »alten« von den »neuen Hasen« in welcher Form, um von ihnen partizipieren bzw. lernen zu können? Welche Einwände haben die Pole untereinander? Was wäre anders, wenn die »alten« von den »neuen Hasen« zu 100 Prozent lernen könnten? Was wäre anders, wenn die »neuen« zu 100 Prozent auf die »alten Hasen« hören würden? Welche Rahmenbedingungen sind dazu erforderlich?

❖ Zu dem Termin oder zu einer bestimmten Zeit wird der *Vorgesetzte* dazu eingeladen. Mit ihm zusammen werden Probleme erörtert, Lösungen entwickelt und Vereinbarungen getroffen.

Schwierigkeiten

Die Schlüsselfrage lautet: Ist die Praxisbegleitung und damit die Umsetzung im Arbeitsalltag wirklich vom Vorgesetzten gewünscht. Ohne klare *Auftragsklärung* (⇨ S. 34) und Vereinbarung dieser Methode ist eine Praxisbegleitung nicht durchführbar. Besprechen Sie vorher schon mögliche Störquellen und wie sie während der Praxisbegleitung abgestellt werden können.

Führungskräfte haben meist ein großes Interesse daran, Rückmeldungen über die Teilnehmer zu bekommen. Sprechen Sie diesen Punkt konkret an. Wenn solche Rückmeldungen vereinbart werden, muss das mit allen Beteiligten transparent besprochen und die Rahmenbedingungen dazu festgelegt werden.

Bemerkungen

Obwohl diese Methode den Transfer wirklich kraftvoll unterstützt, ist sie immer noch die Ausnahme. Vielleicht stellen Sie einmal für sich und für den Ausschreibungstext bzw. die Auftragsklärung eine Berechnung auf. Gesamtkosten des Seminars bei einem Transfer von 20 Prozent. Mehrkosten durch die Praxisbegleitung bei einem Transfer von 50 Prozent bzw. was kostet jedes Prozent Transfer im Seminar und in der Praxisbegleitung?

Praktische Erfahrungen

Veränderungen, Diskussionen und Rückmeldungen, die vor Ort geschehen, werden auch vor Ort geankert. Wenn irgend möglich, versuche ich die Trainings in die Praxis zu integrieren.

Veränderungsbeobachter

Kurzbeschreibung

Durch einen Veränderungsbeobachter bekommt der Teilnehmer Rückmeldungen über seinen Transfererfolg in der Praxis.

Ziel

Den Austausch über den Transfer nach dem Seminar wachhalten und dadurch die Eigenverantwortung und Motivation steigern.

Voraussetzung

Die Teilnehmer des Seminars setzen sich aus einem realen Arbeitsteam zusammen, sie haben also nach dem Seminar weiter direkten Kontakt untereinander.

Gruppengröße

Zweier- oder Dreiergruppen.

Dauer

Vorbereitung im Seminar circa 60 Minuten, die Umsetzung findet in der Praxis statt.

Material

Kein besonderes.

Metapher

Ein Frosch, der aus einem Behälter mit Wasser nicht herausspringt, obwohl das Wasser in dem Behälter immer weiter erhitzt wird, bis es schließlich unerträglich heiß geworden ist. Er gewöhnt sich langsam an die Veränderung und nimmt sie daher nicht wahr.

Ablauf

Im Seminar werden Veränderungsteams gebildet. Die Teilnehmer haben im Arbeitsalltag direkten Kontakt miteinander, erleben sich gegenseitig und können daher Rückmeldungen über wahrgenommene Veränderungen geben. So wird die Umsetzung der Seminarinhalte in der Praxis ständig zum Thema.

Idee vorstellen

Stellen Sie die Idee und den Nutzen eines Veränderungsbeobachters im Plenum vor. Überprüfen Sie die Bereitschaft, diese Form der Transfersicherung durchzuführen.

Bilden der Veränderungsteams

Im nächsten Schritt werden die Veränderungsteams zusammengesetzt. Dazu finden sich jeweils zwei bis drei Teilnehmer zusammen, die füreinander diese Rolle übernehmen wollen. Kriterien dafür sind:

❖ Vertrauen,
❖ Bereitschaft für diese Rolle und
❖ der persönliche Kontakt im Arbeitsalltag.

Aufgaben austauschen

Die Teilnehmer tauschen sich darüber aus, wie sie sich bisher auf das Seminarthema oder auf *das persönliche Projekt* (⇨ S. 118) bezogen, typischerweise verhalten haben (Status quo). Die Veränderungsbeobachter geben dazu, so weit möglich, ihre Eindrücke wieder, die sie in der Vergangenheit gemacht haben. Was bestätigt sich durch diese Sichtweise, was kommt Neues hinzu? Anschließend tauscht sich das Veränderungsteam über die gewünschten Veränderungen aus. Was möchte jeder verändern, welche neuen Aspekte sollen in die Praxis integriert werden? Woran wird diese Veränderung zu erkennen sein?

Konkrete Wünsche werden ausgetauscht, in welchen Bereichen vor allem Rückmeldungen erwünscht sind. Jeder macht sich dazu Notizen, um die Veränderungen später auch wirklich nachvollziehen zu können.

Schließlich werden Termine vereinbart, an denen man sich zusammensetzen und die Wahrnehmungen austauschen wird.

Varianten

❖ Auch wenn im Seminar *keine realen Arbeitsgruppen* oder Kollegen mit Arbeitsbeziehungen vorhanden sind, lässt sich diese Methode durchführen. Allerdings ist der Aufwand dann wesentlich größer und die Umsetzung nicht so kraftvoll. Auf jeden Fall sollte schon bei der *Auftragsklärung* (⇨ S. 34) für das Seminar diese Transfermaßnahme abgesprochen werden. Die Teilnehmer werden einige Wochen vor dem eigentlichen Seminar angeschrieben und darum gebeten, für sich einen Veränderungsbeobachter in ihrem Arbeitsalltag zu finden. Mit folgenden Worten können Sie die Teilnehmer anschreiben:

> »… Wir möchten Sie auch nach dem Seminar in Ihrem Arbeitsalltag unterstützen. Natürlich können wir das nicht direkt tun. Deshalb bitten wir Sie um Ihre Mithilfe. Suchen Sie sich bitte eine Kollegin oder einen Kollegen Ihres Vertrauens, die bzw. der Ihnen nach dem Seminar einige Rückmeldungen geben kann. Informationen darüber, was bei Ihnen an neuen und anderen Verhaltensweisen beobachtet bzw. wahrgenommen werden kann. Fragen Sie Ihren Kollegen, Ihre Kollegin, ob sie dazu bereit ist.
>
> Oft nimmt man allmähliche Veränderungen an sich selbst kaum wahr. Deswegen kann es mitunter sehr hilfreich sein, dass ein anderer die Rolle des Beobachters für uns einnimmt. Ganz abgesehen davon kann durch ein Feedback das Erfolgserlebnis intensiviert werden.
>
> Ich hoffe, dass Sie auf solch ein Feedback neugierig sind. Im Seminar werden wir alle weiteren Fragen dazu klären.«

❖ Zur Einstimmung auf diese Übung tauscht sich das Veränderungsteam über die bereits *wahrgenommenen Veränderungen während des Seminars* aus.

Schwierigkeiten

Auch wenn die Rollen der Veränderungsbeobachter noch so gut vorbereitet sind, stellt sich immer wieder die Frage, ob die Rückmeldungen wirklich erfolgen. Sprechen Sie daher im Seminar über den Nutzen dieser Transfermaßnahme und bearbeiten Sie mögliche Schwierigkeiten mit Hilfe der *Einwandbehandlung* (⇨ S. 80) bereits im Seminar.

Bemerkungen

Keine.

Den Veränderungsbeobachter habe ich noch nicht eingesetzt, allerdings rufe ich einige Teilnehmer hin und wieder an. Dazu hole mir bereits im Seminar das Einverständnis.

Austauschgenerator

Kurzbeschreibung	**Nach dem Seminar wird ein Transfernetzwerk aufgebaut, das sich selbst stabilisiert.**
Ziel	Förderung der Eigenständigkeit.
Gruppengröße	Erarbeiten im Plenum, Beteiligung aller Teilnehmer nach dem Seminar.
Dauer	Im Seminar 30 Minuten.
Material	Informationsmedium E-Mail oder Fax.
Metapher	Stammtisch.
Ablauf	In dem Seminar wird die Idee vorgestellt:

> »Es gibt eine Möglichkeit, dass Ihr Seminar weitergeht. Und zwar so lange, wie es für Sie effektiv ist. Das funktioniert so: Sie vereinbaren heute, dass Sie miteinander einen Austauschgenerator aufbauen. Jeder, der eine neue Idee, eine Erfahrung gesammelt hat, die er den anderen gerne zur Verfügung stellen möchte, vermittelt diese Gedanken über ein vorher abgesprochenes Medium. Das kann zum Beispiel über E-Mail oder Fax geschehen. Das Besondere daran ist, dass nur diejenigen eine zweite oder dritte Idee zugesandt bekommen, die auf die erste reagieren: So kann zum Beispiel eine eigene Erfahrung hinzugefügt oder die Idee weiter entwickelt werden. Dieses Erfahrungsnetzwerk lebt also nur solange, wie das Interesse an einem Austausch vorhanden ist. Und es ›überleben‹ auch nur die Teilnehmer, die sich aktiv beteiligen und damit in diesem Netzwerk für sich selbst einen Nutzen sehen. Vielleicht entsteht daraus ein Interessenkreis über Jahre hinweg.«

Arbeiten Sie im Plenum heraus, welchen konkreten Nutzen solch ein Austauschgenerator für die Teilnehmer haben kann. Lassen Sie die Teilnehmer entscheiden, ob sie solch einen Austauschgenerator aufbauen wollen. Entscheiden sich die Teilnehmer dafür, werden folgende Fragen geklärt:

❖ Welchen konkreten Nutzen soll der Austauschgenerator erfüllen?
❖ Zu welchen Themenkreisen soll der Austausch erfolgen?
❖ Welche Struktur brauchen die ausgetauschten Nachrichten?
❖ Welches Medium wird gewählt?
❖ Wie soll der Austauschgenerator funktionieren?
❖ Wann wird ein Teilnehmer von der Verteilerliste gestrichen?
❖ Wer übernimmt die Verantwortung für das Netzwerk?
❖ Welche möglichen Schwierigkeiten können entstehen und wie wird damit umgegangen?

Nachdem der Austauschgenerator definiert ist, wird noch einmal überprüft, wie hoch die Lebenserwartung dieses Netzwerkes ist. Die Teilnehmer positionieren sich dazu auf einer auf dem Boden ausgelegten Skala von 0 bis 100 Prozent. 0 Prozent bedeutet, dass er an dem Netzwerk nicht teilnimmt, 100 Prozent, dass er sich ganz bestimmt beteiligt.

Varianten

❖ Die Teilnehmer erhalten *konkrete Aufgaben* für die Zeit nach dem Seminar. Die Ergebnisse werden über den Austauschgenerator verteilt. Je nach Interesse kann sich dann ebenso ein stabiler Kern an Interessenten an einem weiterführenden Austausch herausbilden.
❖ Der Austauschgenerator wird, so weit möglich, im *Trockenlauf* noch im Seminar ausprobiert.

Schwierigkeiten

Für die Teilnehmer muss in diesem Austauschgenerator ein wirklicher Sinn und Mehrwert liegen. Das sollten Sie im Seminar sehr genau überprüfen.

Bemerkungen

Selbst wenn sich der Generator am Ende nur auf zwei Personen beschränkt: Diese beiden haben dann wirklich etwas voneinander. Als Trainer können Sie sich selbst in den Austauschkreis integrieren. Die Gefahr, dass sie sich in zu vielen Generatoren wiederfinden, ist relativ gering. Da das System sich selbst stabilisiert, treten Sie automatisch wieder aus, sobald Sie passiv werden.

Praktische Erfahrungen

Den Austauschgenerator habe ich bei der Erstellung dieses Buches ebenfalls eingesetzt und habe wertvolle Anregungen bekommen.

Netzwerk

Kurzbeschreibung

Die Teilnehmer vernetzen sich nach dem Seminar über verschiedene Medien zum Thema Transfer.

Ziel

Dem »Vergessen« entgegenwirken. Das Seminar über das Seminar hinaus fortführen. Aktuelle Probleme in der Praxis bearbeiten. Umsetzung der persönlichen Vorhaben sicherstellen.

Gruppengröße

In Kleingruppen oder im Plenum.

Dauer

30 bis 60 Minuten.

Material

Telefonkonferenz, Videokonferenz, Business-TV, Chat im Internet, E-Mail, Briefpost.

Metapher

Wurzelgeflecht, Autobahn- oder Zugnetz.

Ablauf

Im Plenum wird die Idee, sich nach dem Seminar zu vernetzen, vorgestellt und diskutiert. Was kann in einem solchen Netzwerk ausgetauscht werden und welche Vorteile kann das haben? Soll das Netzwerk zur Stabilisierung des *persönlichen Projektes* (⇨ S. 118), zum weiteren Erfahrungsaustausch der *Transfergruppen* (⇨ S. 77) oder für etwas anderes genutzt werden?

Im Seminar wird in den Transfergruppen oder im Plenum erarbeitet, wie solch ein Netzwerk realisiert werden kann:

❖ Was soll in dem Netzwerk konkret ausgetauscht werden?
❖ Wer trifft sich im Netzwerk? Das ganze Seminar, die Transfergruppen oder informelle Gruppen, die sich herausgebildet haben?
❖ Welche Vorteile, welchen Nutzen hat solch ein Austausch?
❖ Über welches Medium soll das Netzwerk aktiviert werden?
❖ Wie häufig wird das Netzwerk aktiviert?
❖ Über welchen Zeitraum wird es aufrechterhalten?

❖ Welcher Wochentag, welche Uhrzeit usw. sind am günstigsten?

❖ Wann ist der erste Termin?

❖ Mit welchen Hindernissen muss gerechnet und wie kann ihnen begegnet werden?

❖ Wie kann sichergestellt werden, dass der Austausch auch wirklich zustande kommt?

Mit der *Einwandbehandlung* (⇨ S. 80) kann das Netzwerk noch einmal auf seine Realisierbarkeit hin überprüft werden.

Ein Beispiel: Eine Telefonkonferenz kann folgendermaßen ablaufen:

1. Begrüßung aller Teilnehmer durch den Trainer oder einen Teilnehmer als Moderator.
2. Jeder stellt sich kurz noch einmal vor (mit etwas Charakteristischem aus dem Seminar, zum Beispiel seinem Zielsymbol. Dadurch wird ein Teil der Seminaratmosphäre wieder hergestellt).
3. Jeder berichtet kurz von wesentlichen Erfolgen und schildert dann Hindernisse, zu deren Überwindung er Ideen von den anderen Teilnehmern braucht.
4. Wer eine Idee hat, schildert sie.
5. Jeder Teilnehmer geht Punkt 3 und 4 durch.
6. Kurze Rückmeldung, wie die Konferenz gewirkt hat.
7. Es dürfen kreuz und quer Wünsche usw. ausgesprochen werden.
8. Der Trainer fasst Wesentliches noch einmal zusammen.
9. Ein neuer Termin wird vereinbart.
10. Alle Teilnehmer verabschieden sich gemeinsam »im Chor«, um die Konferenz mit einem verbindenden Gefühl zu beenden.

Varianten

❖ Eine vereinbarte Telefonkonferenz kann im Seminar bereits *eingeübt* werden. Alle Teilnehmer schirmen sich ab oder setzen sich mit dem Rücken zur Mitte. Es ist nur verbale Kommunikation erlaubt. Dann wird der ausgearbeitete Ablauf ausprobiert und anschließend über notwendige Veränderungen diskutiert. Genauso kann ein Netzwerk über ein Chat, eine Videokonferenz oder E-Mail simuliert werden.

❖ Nutzen Sie einen *Anker* aus dem Seminar. Gab es eine charakteristische Musik, die Sie zu Beginn der Konferenz wieder einspielen können oder haben Sie ein Gruppenfoto gemacht, das Sie vielleicht ein paar Tage vor dem ersten Netzwerktermin versenden?

Schwierigkeiten

Im Seminar herrscht bei dieser Idee meist noch Euphorie. Jeder Teilnehmer ist angefüllt mit den Erlebnissen und möchte sie gerne wach halten. Je weiter das Seminar wegrückt, desto weniger Bereitschaft ist noch vorhanden, sich tatsächlich an einem Netzwerk zu beteiligen. Deswegen ist die *Einwandbehandlung* (⇨ S. 80) zu diesem Problemfeld eigentlich unerlässlich.

Bemerkungen

Sollten während der Konferenz komplexere Probleme entstehen, die viel Zeit in Anspruch nehmen, können diese in einem Einzelgespräch nach dem Austausch bearbeitet werden.

Um die Bedeutung der Konferenz zu unterstreichen, können die Zertifikate erst nach dem Abschluss der Konferenz versandt werden. Das Motto: »Das Seminar ist erst nach der Konferenz beendet«.

Praktische Erfahrungen

Es ist immer wieder erstaunlich, wie gut die Disziplin und die Stimmung bei einer Telefonkonferenz sind. Manchmal nutze ich das, in dem ich solch eine Kommunikationsstruktur ganz bewusst im Seminar einführe. Die Teilnehmer schließen entweder ihre Augen oder setzen sich im Kreis mit dem Gesicht nach Außen. Diese Art der Kommunikation eröffnet oft neue Perspektiven und bringt unerwartete Ideen hervor.

Netzbriefe

Kurzbeschreibung	**Die Teilnehmer schreiben nach dem Seminar an sich selbst oder untereinander Briefe mit verschiedenen Strategien.**
Ziel	Kontakte weiter aufrechterhalten, sich gegenseitig erinnern, das Seminar lange wach halten, Unterstützung für persönliches Vorhaben sicherstellen.
Gruppengröße	Erarbeitung im Plenum.
Dauer	45 Minuten.
Material	Briefumschläge, Briefpapier, Briefmarken.
Metapher	Liebesbriefe – wenn man einmal Feuer gefangen hat …

Ablauf

Sicher kennen Sie den Brief an sich selbst. Aber es lohnt sich, diese Methode noch einmal genau zu hinterfragen und sie mit neuen Ideen anzureichern. Voraussetzung für alle Varianten ist die Klärung im Seminar, was mit diesen Briefen eigentlich erreicht werden soll. Es lohnt sich die einfache Frage zu stellen: »Was soll der Brief bewirken?« Lassen Sie sich überraschen, welchen Nutzen Ihre Teilnehmer darin sehen. Ist es einfach schön, sich zu erinnern oder gezielt ein bestimmtes Erlebnis ins Gedächtnis zu rufen? Oder soll ein vereinbarter Rückruf sichergestellt oder das persönliche Projekt unterstützt werden? Oder soll er thematisch die Teilnehmer weiter bringen?

Abhängig von der Antwort gestaltet sich der Brief. Fragen Sie dann nach den Kriterien, die beim gewählten Nutzen erfüllt sein müssen. So konkretisieren Sie diese Methode, und der Brief wird dadurch wertvoller. Genauigkeit setzt Kräfte frei! Kriterien können sein: Nur Text oder auch Bilder, beinhaltet einen Spruch, soll motivierend sein oder Mut machen, soll den Zeigefinger erheben, soll ein erneutes Nachdenken über die gemachten Absprachen anstoßen, soll beglückwünschen oder auf (negative) Konsequenzen hinweisen.

Anschließend klären Sie die Rahmenbedingungen: Wann und von wem soll er zugestellt werden. Wer überprüft eventuell die Zustellung?

Wenn Sie so das Wesentliche geklärt haben, dann können Sie die Teilnehmer unter verschiedenen Varianten auswählen oder selbst eine Strategie erfinden lassen:

❖ **Brief an sich selbst:** Jeder Teilnehmer schreibt einen Brief an sich selbst. Der persönlichen Gestaltung sind außer dem Nutzen und den Kriterien keine Grenzen gesetzt. Diese Briefe werden eingesammelt und von einem Teilnehmer oder Ihnen zu einem bestimmten Zeitpunkt verschickt.

❖ **Puzzlebrief:** Die Idee besteht darin, dass in jedem Brief nur einige Puzzleteile enthalten sind. Um selbst alle Teile zu erhalten, müssen diese zwischen den Teilnehmern ausgetauscht werden. Konkret kann das zum Beispiel so aussehen: Das Seminar wird in mehrere Gruppen aufgeteilt. Jede Gruppe hat die Aufgabe, einen Brief nach den abgesprochenen Nutzen und Kriterien zu schreiben. Die Briefe werden dann so oft kopiert, dass jeder Teilnehmer einen Brief erhalten kann. Anschließend werden sie dann in einer festgelegten Anzahl von »Puzzleteilen« zerschnitten. Dann werden alle »Puzzleteile« eingesammelt und gemischt. In jeden Brief kommt die gleiche Anzahl Teile hinein und wird dann zu einem späteren Zeitpunkt abgesandt. Die Wahrscheinlichkeit ist sehr gering, dass in einem Brief genau ein kompletter Puzzleteile-Satz enthalten ist. Und schon beginnt das gewollte Hin- und Hersenden. Jeder muss sich entscheiden, was er behält – am besten diejenigen Teile, die bereits irgendwie zusammenpassen. Die übrigen Teile schickt er dann einem anderen Teilnehmer. Dies geschieht solange, bis man einen lesbaren Brief beisammen hat.

❖ **Kettenbrief:** Bei dieser Variante bauen die Briefe aufeinander auf. Ein erster Teilinhalt geht auf Reisen, es wird etwas hinzugefügt, geht zum nächsten Teilnehmer usw. Erst wenn eine Kette komplett ist, ergibt sich der Sinn des Briefes. Dieser letzte Brief muss (oder kann) wieder an alle versandt werden. Die genaue Reihenfolge der einzelnen Kettenglieder wird im Seminar vorher vereinbart. Um wirklich sicherzustellen, dass diese Strategie auch wirklich funktioniert, werden beispielsweise zwei Kettenbriefe zur gleichen Zeit von verschiedenen Teilnehmern auf die Reise geschickt, damit wenigstens einer komplett wird. Es wird zum Beispiel eine (Transfer-) Geschichte passend zum Seminarthema Satz für Satz (bzw. Brief für Brief) geschrieben. Die ersten Sätze werden noch im Seminar erfunden. Der Rest entwickelt sich per Briefaustausch.

Durch den Kettenbrief können auch die Erfahrungen bei der Umsetzung der *persönlichen Projekte* (⇨ S. 118) gesammelt werden. Genauso ist ein Frage- und Antwortspiel möglich. Lassen Sie Ihre Teilnehmer selbst Ideen entwickeln, wie die Kettenbriefstrategie für die Transfersicherung genutzt werden kann. Und klären Sie mit den Teilnehmern, wann der Kettenbrief abgeschlossen ist und wie mit diesem Ergebnis umgegangen werden soll.

Variante

Die Strategien können im Seminar als *Trockenlauf* durchgespielt und auf ihr Funktionieren hin überprüft werden.

Schwierigkeiten

Netzbriefe kosten Geld. Diese Frage muss unbedingt mit den Teilnehmern geklärt werden.

Im Seminar wird die Idee oft euphorisch aufgenommen. Die Frage ist jedoch: Werden sich im Alltag wirklich alle beteiligen? Lassen Sie daher die Teilnehmer dazu auf einer Skala positionieren, die Aufschluss darüber gibt, wie wahrscheinlich ihre Teilnahme ist. Spielen Sie durch, was geschieht, wenn einer (oder mehrere) die Kette unterbrechen. Gehen Sie realistisch vor.

Bemerkungen

Achten Sie auf Ästhetik. Schönes Briefpapier beispielsweise fördert die Lust an dieser Transfermethode. Gleiches gilt für Ihre Worte bei der Vorstellung dieser Methode. Nicht umsonst habe ich die Metapher »Liebesbrief – Wenn man einmal Feuer gefangen hat« ausgewählt.

Praktische Erfahrungen

Wenn ich mich einmal nicht beteiligt habe, habe ich mich hinterher meist geärgert. Es ist schön, selbst auch etwas zu erhalten. Manchmal habe ich mir auch von den Teilnehmern einen persönlichen Tipp zusenden lassen.

Methoden – Ver-rücktes

Ungewöhnliches ausprobieren

- ❖ Zukunftsseminar
- ❖ Beginn-Feedback
- ❖ Transferwald
- ❖ Tamagotchi

Zukunftsseminar

Kurzbeschreibung

Für das komplette Seminar wird angenommen, es hätte bereits in der Vergangenheit stattgefunden. Die reale Zeit ist die Zukunft.

Ziel

Während des gesamten Seminars soll sich der Teilnehmer bereits in der Zeit nach dem Seminar befinden und dadurch den Transfer aus der Rückschau betrachten und damit ständig vorwegnehmen.

Gruppengröße

Gesamtes Plenum.

Dauer

Gesamte Seminardauer.

Material

Gegenstände, Symbole usw., die dem Seminar einen »Zukunftsanstrich« geben.

Metapher

Zeitmaschine.

Ablauf

Führen Sie das Seminar so durch, als würden Sie sich in der Zukunft befinden. So können Sie zum Beispiel simulieren, dass das Seminar bereits durchgeführt worden ist und Sie in der Rückschau einige wichtige Themen wiederholen. Der Seminartransfer ist also bereits geschehen. Halten Sie daher die Vorstellung, dass der Teilnehmer die Seminarthemen bereits umgesetzt hat, ständig aufrecht. Gestalten Sie dafür das gesamte Seminarumfeld dementsprechend futuristisch: Durch diese ständig präsente Annahme wird der Teilnehmer immer wieder damit konfrontiert, sich innerlich vorzustellen, dass er die Seminarthemen bereits umgesetzt hat.

Für die Gestaltung können Sie verschiedene Utensilien verwenden: Kalenderblatt des Jahres 2005, Zukunftsbilder, fiktive Zeitungsartikeln aus dieser Zeit, futuristisch anmutende Gegenstände.

Ihre Sprache orientiert sich ebenso an dieser Annahme, dass der Seminarbesuch in der Vergangenheit liegt. Sprechen Sie also vom Seminar, so benutzen Sie stets die Vergangenheitsform: »Damals hatten Sie das Problem schon einmal, wie haben Sie es da gelöst?«, »Was denken Sie heute über die Einstellung, die Sie vor fünf Jahren hatten?«, »Welche Fragen haben Sie damals bewegt und waren aktuell?« usw.

Führen Sie die Teilnehmer mit Hilfe einer Fantasiereise in diese Zeit:

> *»Stell dir vor, du sitzt in deinem Büro, deiner gewohnten Arbeitsumgebung. Durch Zufall liegt auf deinem Schreibtisch eine Zeitschrift mit dem aufgeschlagenen Artikel: ›Das Zukunftsbüro‹. Der Artikel macht dich neugierig, neugierig auf die Zukunft. Es entsteht der Wunsch in dir, einmal in deinem persönlichen Zukunftsbüro zu sein. Vor deinen Augen entsteht nun eine Zeitmaschine, die vor dir steht und dich einlädt einzusteigen. Voller Neugier öffnest du die Tür und setzt dich hinein. Du schaust dich um und siehst auf dem Display die eingestellte Zukunftszeit: Das Jahr 2005. Du lehnst dich im Sessel zurück, schließt per Knopfdruck das Cockpit und aktivierst den Zeitgenerator. Irgendetwas in deinem Körper spürt die Zeitveränderung, die erst langsam und dann immer schneller bis zum Jahr 2005 vonstatten geht. Du siehst, wie im Display die Zeit hochgezählt wird. Jetzt steht die Anzeige auf 2005. Du bist angekommen. Mit Anspannung und Wissbegierde öffnest du die Tür und schaust dich um. Du bist ein deinem Zukunftsbüro. – Und direkt aus diesem Zukunftsbüro bist du hierher ins Seminar gekommen. Du bist im Jahr 2005.«*

Das Seminar kann nach dieser Einstimmung folgendermaßen beginnen:

> *»Vor fünf Jahren haben Sie bereits ein Seminar zum heutigen Thema besucht. Was hat sich dadurch in der Zwischenzeit alles verändert? Mit welchen Schwierigkeiten hatten Sie zu kämpfen und welche Erfolge konnten Sie feiern? Welche Themen waren damals wichtig und sollten aufgrund der Erfahrungen, die Sie gesammelt haben, heute noch einmal wiederholt werden?«*

Variante

Es lassen sich auch *nur bestimmte Phasen oder Themen* des Seminars in die Zukunft übertragen. Am Ende eines jeden Seminartages wird dann für eine Stunde konsequent die Zukunft simuliert.

Schwierigkeiten

Der Zeitsprung muss für die Teilnehmer einen Sinn ergeben und durchgehalten werden. Sie brauchen ein Einverständnis, dieses Experiment wagen zu können. Zudem sollten Sie Ihre eigene Ausdrucksweise dafür gut trainieren. Üben Sie zuerst mit kleineren »Einheiten«.

Bemerkungen

Die Idee zu dem Zukunftsseminar kommt aus der Suggestopädie. Dort werden Seminarinhalte komplett in eine metapherreiche neue Welt verlegt, die durchgängig gestaltet wird. Das geht bis zum persönlichen Identitätswechsel, in dem man sich in dieser Welt einen neuen Namen und eine andere Rolle gibt.

Lassen Sie der Kreativität Ihrer Teilnehmer freien Lauf. Mit welchen Requisiten schmücken sie das Seminarumfeld, welche Zeit ist für sie die richtige Zukunftszeit, gibt es Schlüsselwörter, die »in« dieser Zeit in sein könnten usw.

**Praktische
Erfahrungen**

Diese Zeitverschiebung habe ich für bestimmte Seminarphasen schon öfter ausprobiert. Man beginnt innerlich wirklich auf die Gegenwart zurückzuschauen und sich anders zu fühlen. Dadurch eröffnen sich neue Sichtweisen.

Beginn-Feedback

Kurzbeschreibung	**Schon zu Beginn des Seminars wird das Schluss-Feedback eingeholt.**
Ziel	Die übliche »Beginnhaltung« der Teilnehmer unterbrechen, Neugierde und Wachheit herstellen, Eigenverantwortung fördern.
Gruppengröße	Das gesamte Plenum.
Dauer	30 bis 60 Minuten.
Material	Eventuell Feedbackbogen.
Metapher	Koan (nicht lösbare Aufgaben wie zum Beispiel »Das Klatschen einer Hand«).
Ablauf	Indem Sie so unverhofft beginnen, hat kein Teilnehmer die Chance, sich zurückzulehnen und abzuwarten, denn die alten Erfahrungen, wie Seminare anzufangen haben, bestätigen sich nicht. Dieser leicht verwirrende Zustand ist förderlich, Neues in sich aufzunehmen. Dieser Augenblick ist günstig, um ihn für den Transfer zu nutzen. Sie können etwa so beginnen:

> *»Stellen Sie sich vor, das Seminar ist bereits beendet. Sie haben eine Woche lang an den Themen, wegen denen Sie hierher gekommen sind, gearbeitet. Haben sich mit den Inhalten auseinander gesetzt, mit mir diskutiert, kritische Fragen gestellt, sich mit den anderen Teilnehmern ausgetauscht und sich am Ende darüber konkrete Gedanken gemacht, was Sie umsetzen werden. Dabei ist Ihnen klar, dass ein Seminar nur dann etwas taugt, wenn hinterher etwas umgesetzt wird, wenn der Transfer sichergestellt ist. Stellen Sie sich nun vor, dass das alles bereits geschehen ist. Was immer das auch für Sie bedeuten mag und was Sie dann für sich erlebt haben werden.«*

Nach dieser Einstimmung können die Teilnehmer ihr Feedback geben. Wie war dieses Seminar für sie? Fordern Sie vor allem Konkretes ein. Was genau hat den Teilnehmern in diesem Seminar geholfen? Notieren Sie die wesentlichen Aussagen auf einem Flipchart.

Nutzen Sie dann diese Aussagen für die Erarbeitung konkreter Vereinbarungen (eventuell durch die *Verantwortungsverhandlung* ➪ S. 49). Was muss getan werden, damit das Feedback am Ende Wirklichkeit wird? Welche Verantwortung hat jeder Teilnehmer, welche Verantwortung haben Sie als Trainer? Handeln Sie es aus.

Variante

Sie können diese Übung auch mit den *realen Feedbackbogen* durchführen. Dadurch haben Sie und die Teilnehmer die Möglichkeit, den Unterschied zwischen anfänglichen Erwartungen und deren Erfüllung bzw. Umsetzung besser wahrzunehmen. Was dachten Sie zu Beginn über das Ende, was hat sich davon bewahrheitet. Auch dadurch werden innerlich viele Gedanken zum Transfer angeregt. Allerdings nur, wenn viele transferrelevante Fragen in dem Fragebogen auftauchen.

Schwierigkeiten

Die Schwierigkeit, so zu beginnen, liegt vielleicht darin, die Akzeptanz Ihrer Teilnehmer für diese ungewöhnliche Seminareröffnung sicherzustellen. Wie bei vielen außergewöhnlichen Dingen wird das letztendlich von Ihrer eigenen Überzeugung abhängen.

Bemerkungen

Achten Sie darauf, dass bei dem Feedback der Transfer im Mittelpunkt steht.

Praktische Erfahrungen

Erfahrungen vorwegzunehmen, gehört zu meinem ständigen Repertoire. Diese Variante des Feedbacks ist aber auch neu für mich. Sie ist mir als Idee während einer Diskussion des Für und Widers von Feedbackbogen mit einem Freund entstanden.

Transferwald

Kurzbeschreibung

Nach dem erfolgreichen Abschluss jeder Transfermaßnahme wird auf einem speziell dafür erworbenem Grundstück ein Baum gepflanzt.

Ziel

Ein übergreifendes Transfersymbol schaffen. Erhöhung der Motivation der Teilnehmer, ihr persönliches Vorhaben umzusetzen. Gefühl der Gemeinsamkeit, Verbundenheit mit allen anderen ehemaligen und zukünftigen Teilnehmern.

Gruppengröße

Kleingruppen und gesamtes Plenum.

Dauer

60 Minuten.

Material

Grundstück, Baumsetzlinge usw.

Metapher

Denkmal setzen.

Ablauf

Zuerst müssen Sie etwas investieren. Sie benötigen ein Grundstück, auf dem Sie Bäume pflanzen können, Setzlinge, Leute, die die Bäume pflanzen, hegen und pflegen. Wozu? Ganz einfach. Jedes Seminar, das für Ihr Institut durchgeführt und mit einem erfolgreichen Transfer abgeschlossen wird, lässt den Wald Baum um Baum wachsen. Im Detail kann das so ablaufen:

Kriterien vereinbaren

Am Ende des Seminars wird die Idee des Transferwaldes angesprochen: Es soll symbolisch ein Baum für die erfolgreiche Umsetzung dieses Trainings gepflanzt werden.

Das geschieht jedoch erst dann, wenn sich wirklich etwas aus dem Seminar in die Praxis integriert hat. Die Frage stellt sich, woran das genau festzustellen ist. Es bedarf also klarer Kriterien, wann sich der Erfolg eingestellt hat und wie das zu bemerken ist. Da der Baum für alle Teilnehmer des Seminars steht, muss er auch den Erfolg der gesamten Gruppe widerspiegeln.

Lassen Sie die Teilnehmer in Kleingruppen dafür Vorschläge erarbeiten. (Zum Beispiel kann die Idee kommen, dass jeder Teilnehmer nach einer bestimmten Zeit an eine Delegation des Seminars einen Transferbericht schickt. Darin wird der Transfer verbal beschrieben und mit einer Prozentzahl versehen. Sie gibt an, wie viel Prozent des persönlichen Vorhabens umgesetzt worden ist. Die Delegation wertet die Zuschriften aus und fordert eventuell Berichte nach. Nur bei 100 Prozent Rücklauf kann die Auswertung beginnen. Die Prozentzahlen werden von der Delegation auf Glaubwürdigkeit anhand der Beschreibung bewertet und die Zahlen gemittelt. Ab einer Zahl von 80 Prozent ist der Erfolg eingetreten.)

Die Vorschläge werden im Seminar verhandelt und beschlossen. Vereinbaren Sie auch eine konkrete Zeit, bis wann die Rückmeldung verbindlich erfolgen muss.

Den Baum pflanzen

Sie erhalten den Bericht, prüfen die vereinbarten Kriterien und veranlassen die Pflanzung. Laden Sie dazu die Teilnehmer (und eventuell den/die Vorgesetzten) ein, damit diese an diesem Ereignis teilhaben können. Wenn das nicht möglich ist, erhalten sie von dieser Aktion ein Bild. Denkbar ist auch, dass jeweils die Teilnehmer eines anderen Seminars die Baumpflanzung vornehmen. Dadurch entsteht, ähnlich wie bei der *Schatzkiste* (⇨ S. 173), eine symbolische Verbindung zwischen Ihren einzelnen Seminaren.

An dem jeweiligen Baum sollte ein Schild mit dem erreichten Transfer aufgestellt, die Rückmeldung in einem kleinen Metallkasten vor dem Baum vergraben oder der Transfer auf einem Hinweisschild am Waldeingang vermerkt sein.

An das Ereignis erinnern

Nach einigen Jahren kann wieder ein Foto von dem Baum gemacht und den Teilnehmern zugesandt werden. Nach einigen Jahren können Sie regelmäßig Ihre Auftraggeber und/oder Seminarteilnehmer einladen und Transferfeste in dem Wald feiern. Sie können die Presse dazu einladen oder dieses Ereignis auf andere Weise publik machen.

Varianten

❖ Der Transferwald ist nur eine Möglichkeit, um die Transferleistung symbolisch darzustellen. Welche Ideen haben Sie, sich sozusagen *außenwirksam* und symbolisch darzustellen? Etwas, das Ihr Trainingsinstitut in Richtung Transferleistung unvergesslich macht.

❖ Sie können auch festlegen, ob eine bestimmte *Baumart* zu Ihrem Institut gehört. Für welche Symbolik steht der Baum? Oder wird es ein Mischwald und jedes Seminar kann bestimmen, welche Baumart gepflanzt wird?

❖ Natürlich liegt der Reiz darin, dass der Baum erst nach dem erfolgten Transfer gepflanzt wird. Dadurch geht aber die Möglichkeit verloren, als Teilnehmer selbst mit dabei zu sein. Sie können den Baum auch *als Absichtserklärung pflanzen*. Wird der Transfer nicht erreicht, kann vor dem Baum ein Stein positioniert werden, auf dem der Grund für den missglückten Transfer eingemeißelt ist.

Schwierigkeiten

Das größte Problem wird die Pflege des Baumbestandes sein. Das muss im Vorfeld realistisch organisiert werden.

Bemerkungen

Der Wald kann werbewirksam genutzt werden. Vielleicht ist sogar ein Namenseintrag in offizielle Landkarten möglich.

Sie können mit dem Transferwald auch lokalen Umweltschutz betreiben. Vielleicht findet sich ein Verein oder Verband, der diese Art der Aufforstung tatkräftig unterstützt.

Praktische Erfahrungen

Mit dieser Idee habe ich noch keine praktischen Erfahrungen sammeln können. Ich hoffe jedenfalls, dass diese Idee aufgegriffen und umgesetzt wird. Und ich würde mich freuen, wenn ich davon erfahre und mit eingeladen werde.

Tamagotchi

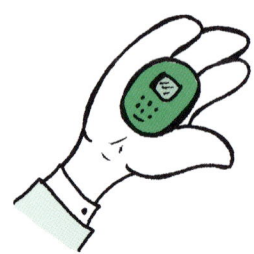

Kurzbeschreibung	**Jeder Teilnehmer erhält ein Tamagotchi, das ihn an seinen Transfer erinnert und sich durch Erfolge ernährt.**
Ziel	Die eigenen Vorhaben in der Praxis ständig wachhalten, Spieltrieb nutzen, Motivation erhöhen.
Gruppengröße	Einzelpersonen.
Dauer	Im Seminar etwa 15 Minuten, nach dem Seminar Wochen eventuell sogar Monate.
Material	Speziell für den Transfer hergestellte Tamagotchis oder entsprechende Softwarelösungen.
Metapher	Baby oder zartes Pflänzchen, um das sich gekümmert werden muss.
Ablauf	Am Ende des Seminars erhält jeder Teilnehmer sein persönliches Tamagotchi. Es ernährt und entwickelt sich durch große und kleine Erfolge des persönlichen Transfers. Sind die wesentlichen Ziele wirklich umgesetzt, ist das Tamagotchi volljährig und lebt autark weiter. Noch wird solch ein Tamagotchi nicht hergestellt. Wie es programmiert sein kann, dazu gebe ich hier ein paar Anregungen:

Solch ein Tamagotchi sollte sich auf die persönlichen Besonderheiten seines Nutzers einstellen. Zudem erfordert das Tamagotchi ein Tagebuch, in dem die Erfolge und die Antworten auf die Fragen kontinuierlich notiert werden.

❖ **Arbeitszeitbeginn:** Zu einer einprogrammierbaren Uhrzeit meldet es sich jeden Morgen mit einem unterstützenden Satz (zum Beispiel mit dem herausgearbeiteten förderlichen *Glaubenssatz* ➪ S. 104 des Teilnehmers).

❖ **Nahrung aufnehmen:** Zu programmierbaren Zeiten meldet es sich mit Hunger auf große oder kleine Transfererfolge. Solche Erfolge müssen in ein Tagebuch eingetragen und am Tamagotchi bestätigt werden.

❖ **Gewaschen werden:** Zu bestimmten Zeiten möchte es gereinigt werden. Symbolisch kann das bedeuten: Was hat sich durch das bisher Umgesetzte im Umfeld geklärt, beziehungsweise gereinigt? Das Tagebuch freut sich auf Eintragungen.

❖ **Möchte Kontakt:** Mit wem wurde die Umsetzung heute besprochen?

❖ **Muss Pipi gehen:** Was wird nicht mehr gebraucht und kann losgelassen werden.

❖ **Mach mal Pause:** Ein Tag mal ohne Meldungen vom Tamagotchi.

❖ **Wütend sein:** Worüber hat man sich bei der Umsetzung seiner Vorhaben geärgert?

❖ **Schlafen gehen:** Am Ende des Arbeitstages geht es schlafen. Was kann man sich selbst da Positives sagen?

❖ **Wacht zwischendurch auf:** Wie wirkt sich das private Leben auf den Transfer aus, bzw. unterstützt ihn vielleicht sogar?

❖ **Träumen:** Welche neuen Ideen gibt es noch zum persönlichen Transfer?

Varianten

❖ Das Tamagotchi könnte auch *als Programm* gestaltet werden, das im Hintergrund im Rechner läuft und sich immer wieder meldet.

❖ Die Sparvariante ist das *Zettel-Tamagotchi*. Schreiben Sie die Aktionen (mehrfach) auf kleine Zettel und mischen Sie den so entstandenen Stapel kräftig durch. Jeder Teilnehmer bekommt dann solch ein Zettel-Tamagotchi mit und kann sich mehrmals am Tag eine Karte ziehen.

Schwierigkeiten

So etwas herzustellen.

Bemerkungen

Es kann an alle Teilnehmer verschenkt oder auch nur an wirklich interessierte verkauft werden.

Praktische Erfahrungen

Ich bin gespannt, wann dieses Tamagotchi zum Leben erweckt wird.

Methoden – Alternativen zu Seminaren

Anderes ausprobieren

- ❖ Mosaiktraining
- ❖ Kompetenzaktivierung

Mosaiktraining

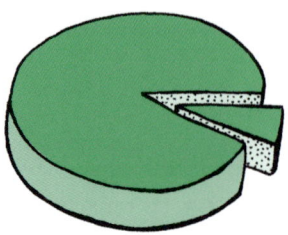

Kurzbeschreibung	**Das Seminar wird in mehrere kleine Sequenzen zerlegt. In den Zwischenzeiten werden konkrete Aufgaben umgesetzt, die zu Beginn der nächsten Sequenz genau reflektiert werden.**
Ziel	Eine kontinuierliche Unterstützung sicherstellen. Aufkommende Praxisprobleme bewältigen.
Gruppengröße	Im gesamten Plenum.
Dauer	Die Häufigkeit und Dauer der Seminarsequenzen ist abhängig vom Inhalt.
Material	Keines.
Metapher	Puzzle, Mosaik, Holzverbindungen (zum Beispiel Nut und Feder).
Ablauf	Der Seminarinhalt wird in kleine Portionen von einem halben Tag bis zwei Tage Dauer aufgeteilt. Jeder Baustein ist in sich schlüssig und baut auf den anderen auf. Die Zeit zwischen den Modulen gehört zum Seminar. In dieser Zeit werden die *persönlichen Projekte* (⇨ S. 118) umgesetzt, Praxiserfahrungen gesammelt, die wieder in das nächste Modul einfließen.

Das Design dieser Bausteine wiederholt sich, um den Teilnehmern eine vertraute Struktur anzubieten.

Ziele klären
Für jedes Thema wird zu Beginn des Moduls so weit wie möglich Zielklarheit geschaffen. Methoden dafür sind zum Beispiel: Der *Zielweg* (⇨ S. 68), die *Zielskala* (⇨ S. 64), der *Unzufriedenheitsgenerator* (⇨ S. 58), die *Vorwegnahme* (⇨ S. 55) oder die *Kontextklärung* (⇨ S. 110).

Seminarthema bearbeiten

Bei dem Mosaiktraining kommt es noch mehr auf das wirklich Relevante an. Was genau benötigen Ihre Teilnehmer für den nächsten Praxisschritt? Deshalb kommt auch der Zielklarheit zu Beginn eine größere Bedeutung zu.

Den Transfer planen

Was soll in der Praxisphase umgesetzt werden? *Das persönliche Projekt* ist (⇨ S. 118) am Ende eines jeden Moduls Pflicht.

Den Erfolg reflektieren

Ab dem zweiten Mosaikbaustein werden regelmäßig die Erfahrungen aus der Praxiszeit reflektiert.

❖ Welche Erfolge sind bisher eingetreten?
❖ Was hat sich dadurch konkret verändert?
❖ Wie habe ich mich bei dem Projekt gefühlt?
❖ Welche Schwierigkeiten stellten sich mir in den Weg?
❖ Wie haben meine Kollegen, mein Umfeld reagiert?
❖ Was muss daher in diesem Baustein nachgearbeitet werden?
❖ Welche Konsequenzen ziehe ich daraus für das nächste Modul?

Mit der Methode der *Einwandbehandlung* (⇨ S. 80) können die Schwierigkeiten bearbeitet und das Vorhaben entsprechend verändert werden.

Ziele klären

Dann beginnt die Schleife wieder von vorn.

Variante

Für den Arbeitsalltag wird ein *Erfahrungsnetzwerk* aufgebaut. Anregungen dazu finden Sie in den Übungen: *Netzwerk* (⇨ S. 190), *Veränderungsbeobachter* (⇨ S. 185) oder die *Hotline* (⇨ S. 179).

Schwierigkeiten

Die häufige Anreise zu den Modulen muss realistisch sein.

Bemerkungen

Weitere Anregungen finden Sie in der Übung *Kompetenzaktivierung* (⇨ S. 212).

Praktische Erfahrungen

Die Verbindlichkeit der abgesprochenen Projekte ist größer. Es scheint manchmal wirklich so einfach zu sein: Indem die Teilnehmer wissen, dass es weitergeht, entsteht ein höherer, förderlicher Umsetzungsdruck.

Kompetenzaktivierung

Kurzbeschreibung

Anstatt ein Seminar durchzuführen, wird sofort ein konkretes Projekt zum Thema umgesetzt.

Ziel

Die natürliche Kompetenz und die Erfahrung der Teilnehmer nutzen. Effektivität steigern.

Gruppengröße

Kann beliebig sein.

Dauer

Zwei bis vier Stunden.

Material

Übliches Moderationsmaterial.

Metapher

Samenkorn.

Ablauf

Seminare gehen in der Regel davon aus, dass die Teilnehmer etwas nicht wissen. Warum eigentlich? Jeder hat vielfältige Erfahrungen, die auf ähnliche oder andere Themen durchaus übertragbar sind. Gehen Sie doch einmal davon aus, dass die Teilnehmer die wesentlichen Kern-Kompetenzen bereits in sich tragen. Sie haben lediglich noch keinen Weg oder keine Möglichkeit gefunden, sie in der Praxis gezielt einzusetzen oder in sich selbst zu aktivieren.

Es wird also kein Seminar im klassischen Sinn angeboten, sondern das Erarbeiten und Umsetzen eines Vorhabens moderiert. Diese Methode bietet sich vor allem für reale Arbeitsteams an, kann aber auch in offenen Gruppen zu einem gemeinsamen Thema durchgeführt werden. Der Ablauf kann folgendermaßen aussehen.

Auftrag klären

In der *Auftragsklärung* (⇨ S. 34) muss dieses methodische Vorgehen abgesprochen sein und das zu bearbeitende Thema und die Rahmenbedingungen abgesteckt sein.

Teilnehmer informieren

Die Teilnehmer werden über das Thema sowie über das Ziel, die vorhandenen Kompetenzen zu nutzen und den Ablauf der Moderation schriftlich informiert. Ähnlich wie bei dem *Zielweg* (⇨ S. 68) können Symbole mitgebracht werden, die für die eigene innere Kompetenz stehen oder für das bereits vorhandene Wissen zum Thema.

Das Ziel herausarbeiten

Das zu bearbeitende Thema und die abgesprochenen Rahmenbedingungen (Erfolgskriterien, Zielvorgaben, Freiheitsgrade, zu berücksichtigende Faktoren, usw.) werden im Plenum vorgestellt und noch einmal fein abgestimmt. Was soll in der Praxis mit dem Thema erreicht werden?

Motivation aufdecken

Bringen Sie die Teilnehmer in Kontakt mit ihrer Motivation zu den Themen: »Was macht das Thema attraktiv?«, »Wozu ist es wichtig, daran zu arbeiten?«, »Was motiviert Sie persönlich, an diesem Thema zu arbeiten?« »Welche persönlichen Vorteile können Sie sich vorstellen?«

Sie können die Motivationsfaktoren auch von den verschiedenen Sichtweisen heraus reflektieren: Aus der eigenen Sicht, der Perspektive externer Kunden, der internen Kunden und aus Sicht des Unternehmens, in dem man tätig ist.

Mit der *Vorwegnahme* (⇨ S. 55) haben Sie eine weitere Möglichkeit, den Kontakt zur inneren Motivation herzustellen.

Ideen finden

So aufgewärmt geht das gesamte Plenum oder aufgeteilt in Kleingruppen in eine Kreativitätsphase. Welche Ideen sind vorhanden, um etwas Praktisches zum Thema umzusetzen? Die Ideen werden zusammengestellt, diskutiert, weiterentwickelt und schließlich durch Punktvergabe bewertet und ausgewählt. Berücksichtigen Sie dabei die eventuellen Erfolgskriterien oder Rahmenbedingungen aus der Auftragsklärung. Und achten Sie darauf, dass aus der Idee eine umsetzbare Maßnahme werden kann.

Ziel formulieren

Bevor die Gruppe in die Planungsphase geht, nehmen Sie sich noch Zeit, das genaue Ziel herauszuarbeiten, das mit dieser Maßnahme erreicht werden soll. Überprüfen Sie das Ziel, ob es genau formuliert ist. Ist es:

❖ Selbstständig erreichbar? (Ohne Abhängigkeit von anderen.)
❖ Bald erreichbar? (Sonst verebbt die Motivation!)
❖ In einem abgegrenzten Umfeld definiert? (Wo, wann, mit wem usw.)
❖ Durch klare Zielkriterien beschrieben? (Woran ist zu erkennen, dass das Ziel erreicht worden ist?)
❖ Positiv formuliert? (Es enthält keine Verneinungen.)
❖ Ohne Vergleiche ausgedrückt? (Nicht: besser als …)

Achten Sie vor allem auf die Zielkriterien. Daran können die Teilnehmer unmittelbar erleben, ob sie erfolgreich sind.

Plan erarbeiten

Als letzter Schritt werden die konkreten Handlungsschritte abgeleitet und ein Maßnahmenplan erstellt. Wer muss was in welcher Reihenfolge mit wem zusammen umsetzen? Termine und Zuständigkeiten werden besprochen, überlegt, welche situativen Voraussetzungen noch erfüllt werden müssen und was eventuell zu beschaffen ist.

Ersten Termin abschließen

Überprüfen Sie zum Abschluss noch einmal den Maßnahmenplan mit den Zielkriterien und Rahmenbedingungen des Auftraggebers. Und überprüfen Sie genauso, ob die Maßnahme wirklich realistisch ist: Mit welchen Herausforderungen muss gerechnet werden und wie können die Teilnehmer damit umgehen? Lassen Sie die Teilnehmer zum Abschluss auf einer Skala auf dem Boden positionieren: Wie steht jeder Einzelne zu der Maßnahme? Die Skala reicht von »Ich schau mir das Ganze erst mal skeptisch an« bis »Ich bin zu 100 Prozent dabei«. Vereinbaren Sie einen weiteren Termin zur Unterstützung.

Den ersten Supervisionstermin durchführen

Auf dem Supervisionstermin werden folgende Fragen gemeinsam bearbeitet:

❖ Welche Erfolge sind bisher eingetreten?
❖ Was hat sich dadurch konkret verändert?
❖ Wie habe ich mich bei dem Projekt gefühlt?
❖ Welche Schwierigkeiten stellten sich in den Weg?
❖ Mit der Methode der *Einwandbehandlung* (⇨ S. 80) werden die Schwierigkeiten bearbeitet und das Vorhaben entsprechend verändert.

Die weiteren Termine werden abgesprochen.

Den letzten Termin durchführen

Der Beginn kann genauso ablaufen wie bei den bisherigen Supervisionsterminen. Reflektieren Sie dann die Frage, wie die Erfahrungen dauerhaft in die Arbeitsabläufe integriert werden können. Nehmen Sie sich auch noch Zeit, die Methode selbst zu diskutieren: »Welche Erfahrungen sind mit dieser Methode gesammelt worden?«, »Wenn mit dieser Methode ein weiteres Thema bearbeitet werden soll, was sollte beibehalten, was verändert werden?«

Zum Abschluss wird gefeiert. Diese Feier kann schon auf einem Supervisionstermin besprochen und geplant werden. Anregungen dazu finden Sie in der Methode *Transfer-Rituale* (⇨ S. 166).

Varianten

❖ Es kann eine *Hotline* (⇨ S. 176) eingerichtet werden, damit auch zwischen den Terminen eine Unterstützung möglich ist (eventuell auch über E-Mails).

❖ Diese Methode ist auch für ein *offenes Seminar* denkbar. Allerdings geht es dann ausschließlich um persönliche Vorhaben.

Schwierigkeiten

Schwierigkeiten ergeben sich aus der Praxis und werden im Supervisions- und Abschlusstermin bearbeitet.

Bemerkungen

Führen Sie die Termine nach Möglichkeit vor Ort im Arbeitsumfeld der Teilnehmer durch. So befinden Sie sich mitten in der Praxis und die Arbeit verankert sich in der Praxis. Natürlich muss das Thema auch durch diese Methode bearbeitbar sein. Überprüfen Sie diesen Punkt sehr genau in der Auftragsklärung.

Praktische Erfahrungen

Auch diese Methode ist situativ entstanden. Ich bekam den Auftrag, für eine bestimmte Gruppe ein Seminarkonzept für die Kundenorientierung zu entwickeln. Mittlerweile vom Transfergedanken »infiziert« kam mir sofort der Gedanke: »Bloß kein weiteres Seminar! Jeder weiß aus praktischer Erfahrung beim Einkaufen oder anderswo, was Kundenorientierung heißt.« Der Auftraggeber war von diesem andersartigen Konzept angetan, und derzeit probieren wir diesen Ansatz aus.

Die Kurzbeschreibungen der Methoden im Überblick

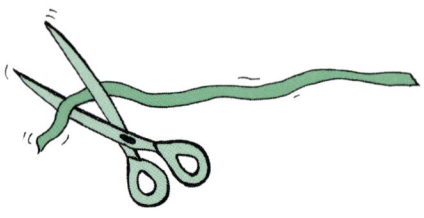

	Persönliche Notizen
Methoden – Davor	
Transfer vorbereiten	
Auftragsklärung (⇨ S. 34)	Checkliste der wesentlichen Fragen in der Auftragsklärung.	
Seminarplanung (⇨ S. 38)	Das Seminarkonzept wird konsequent aus einer transferorientierten Sichtweise heraus erstellt.	
Transfergespräch (⇨ S. 42)	Bevor das Seminar stattfindet, führt die zuständige Führungskraft mit den Seminarteilnehmern ein verpflichtendes Transfergespräch durch.	
Methoden – Zu Beginn	
Transferorientierte Einstimmung	
Selbstplanung (⇨ S. 46)	Die Teilnehmer planen den Seminarablauf nach bestimmten Vorgaben selbst.	
Verantwortungs- verhandlung (⇨ S. 49)	Zu Beginn des Seminars wird mit den Teilnehmern klar ausgehandelt, welcher Anteil der Transferverantwortung beim Trainer liegt und welchen Anteil die Teilnehmer selbst übernehmen.	
Erfahrungsaktivierung (⇨ S. 51)	Die bisherigen Transferstrategien der Teilnehmer werden aufgedeckt und für das Seminar genutzt.	
Zukunftsinterview (⇨ S. 53)	Die Teilnehmer versetzen sich in eine Zeit einige Wochen oder Monate nach dem Seminarende und interviewen sich gegenseitig zum Transfer des Trainings.	

Vorwegnahme (⇨ S. 55)	Der Lern-/Transfererfolg wird in einer Fantasiereise vorweggenommen.	
Unzufriedenheits- generator (⇨ S. 58)	Aus den negativen Erfahrungen in der Arbeitswelt werden Schritt für Schritt konkrete Ziele für das Seminar formuliert.	
Methoden – Währenddessen		
Persönliche Transfermaßnahme starten		
Zielskala (⇨ S. 64)	Auf einer Pinnwand wird der Grad der aktuellen Zielerreichung aller Teilnehmer dargestellt.	
Zielweg (⇨ S. 68)	Für jeden Teilnehmer wird sein persönlicher Zielweg begehbar auf dem Boden ausgelegt und beschritten.	
Entwicklungsbogen (⇨ S. 72)	Während des Seminars wird ein öffentlicher persönlicher »Entwicklungsbogen« von jedem Teilnehmer geführt.	
Transferbuch (⇨ S. 74)	In einer Art Tagebuch protokollieren die Teilnehmer ihre persönlichen transferorientierten Erkenntnisse während des Seminars.	
Transfergruppen (⇨ S. 77)	In Kleingruppen wird der mögliche Transfer des Seminars in regelmäßigen Abständen bearbeitet.	
Transfer ständig bewusst halten		
Einwandbehandlung (⇨ S. 80)	Im Raum werden eine Einwand- und eine Ideenposition installiert, um mit möglichen Einwänden konstruktiv umzugehen.	
Transferkarte (⇨ S. 84)	Jeder Teilnehmer erhält eine Transferkarte, mit der er das Seminar transferorientiert steuern kann.	
Praxisposition (⇨ S. 86)	Von einer bestimmten Stelle im Seminarraum aus wird das Seminar von den Teilnehmern in Richtung Transfer konstruktiv kritisiert.	
Reise durch den Tag (⇨ S. 89)	Am Ende eines jeden Seminartages wird als Abschluss eine Entspannungsreise mit einer inhaltlichen Reflexion des Tages durchgeführt.	

Energieaufbau (⇨ S. 93)	Während des Seminars werden kurze, körperaktive Spiele zum Thema Transfer durchgeführt.	
Transfer persönlich tiefen		
Inneres Team (⇨ S. 97)	Das »innere Team« oder die »inneren Stimmen« eines jeden Teilnehmers zum persönlichen Transfer aktiviert und mit ihnen verhandelt.	
Anliegenarbeit (⇨ S. 101)	Eine konkrete Fallarbeit im Seminar durchführen.	
Glaubenssätze (⇨ S. 104)	Die auf die Arbeit bezogenen einschränkenden persönlichen Glaubenssätze werden bewusst gemacht und passend zum Zusammenhang und der Person so verändert, dass der Transfer erleichtert wird.	
Kontextklärung (⇨ S. 110)	Die Kontext- und eventuell die Auftragsklärung wird im Seminar simuliert.	
Wirklichkeitserkundung (⇨ S. 113)	Ein Glaubenssatz zum Thema Transfer wird rollierend durch das ganze Plenum gesandt und kann bei jeder Weitergabe aktiv verändert werden. Es bilden sich dadurch wesentliche Kernaussagen heraus.	
Methoden – Zum Abschluss		
Persönliche Transfermaßnahme erarbeiten		
Das persönliche Projekt (⇨ S. 118)	Am Ende des Seminars wird ein realistisches persönliches Vorhaben geplant.	
Optimierung (⇨ S. 121)	Das persönliche Vorhaben eines jeden Teilnehmers wird nacheinander von jedem Teilnehmer im Seminar verändert und optimiert.	
Kollegiale Beratung (⇨ S. 123)	In einer Kleingruppe wird für jeden Teilnehmer ein Projekt zur Transfersicherung geplant. Während dieser Planung hört der Beteiligte nur zu.	
Pareto (⇨ S. 126)	Im Seminar werden Kleinstvorhaben geplant und überprüft, in welchem (meist überraschend großen) Verhältnis dazu die Auswirkungen stehen.	

Rezeptverschreibung (⇨ S. 129)	Über die Metapher eines Rezeptes wird ein Vorhaben erarbeitet.	
Verhinderungsvertrag (⇨ S. 133)	Jeder Teilnehmer schließt mit sich selbst einen paradoxen Vertrag ab, in dem er herausarbeitet, wie er einen Transfer mit Sicherheit verhindern kann.	
Transfermaßnahme ankern und persönlich integrieren		
Mensch mach was draus (⇨ S. 137)	Ein Brettspiel, das den Transfer zum Thema hat.	
Integration (⇨ S. 140)	Die Seminarinhalte bzw. das Projekt wird auf allen Ebenen der Persönlichkeit (in Anlehnung an das Konzept der neurologischen Ebenen von Dilts) integriert.	
Anker (⇨ S. 145)	Der Transfer (bzw. das persönliche Vorhaben) wird mit einem Gegenstand oder bestimmten Situationen verbunden und damit ständig in Erinnerung gehalten.	
Wanderung (⇨ S. 150)	Die Teilnehmer gehen am Ende des Seminars symbolisch durch die Vergangenheit, Gegenwart und Zukunft und integrieren dabei ihren persönlichen Transfer.	
Speaker's Corner (⇨ S. 153)	Wie im Hydepark am Speaker's Corner werden die Vorhaben marktschreierisch kundgetan.	
Das Spalier (⇨ S. 156)	In einem emotionalen und ressourcevollen Zustand auf das eigene Ziel zugehen.	
Das persönliche Erfolgskonto (⇨ S. 160)	Die Teilnehmer erstellen eine Bilanz, in der Kosten und Nutzen des Transfers dargestellt werden.	
Hochgenuss (⇨ S. 163)	Die Teilnehmer beschreiben ihren persönlichen Transfer sinnlich und bekommen ihre eigene Beschreibung wiederum sinnlich zurückgespiegelt.	
Transfer-Rituale (⇨ S. 166)	Am Ende des Seminars oder Workshops wird ein Ritual durchgeführt, das den Transfer emotional verankert.	

Transferorientierter Ausklang		
Nagel-Metapher (⇨ S. 171)	Mit einer symbolischen Handlung wird das Prinzip der Selbstverantwortung bewusst gemacht.	
Schatzkiste (⇨ S. 173)	Am Ende des Seminars wird eine Schatzkiste mit symbolischen Inhalten für die Teilnehmer des nächsten Seminars vergraben.	
Methoden – Danach		
Transfer in der Praxis selbst sichern		
Auftragsabschluss (⇨ S. 176)	Nach Abschluss der vereinbarten Maßnahmen wird ein Abschlussgespräch über die Zielerreichung durchgeführt.	
Hotline (⇨ S. 179)	Der Trainer oder das Trainingsinstitut bietet eine kostenpflichtige Transfer-Hotline an, durch die die Themen im Seminar weiter bearbeitet werden können.	
Praxisbegleitung (⇨ S. 181)	Nach dem Seminar werden bestimmte Termine vom Trainer vor Ort wahrgenommen, um die Umsetzung vor Ort weiter sicherzustellen.	
Veränderungs- beobachter (⇨ S. 185)	Durch einen Veränderungsbeobachter bekommt der Teilnehmer Rückmeldungen über seinen Transfererfolg in der Praxis.	
Austauschgenerator (⇨ S. 188)	Nach dem Seminar wird ein Transfernetzwerk aufgebaut, das sich selbst stabilisiert.	
Netzwerk (⇨ S. 190)	Die Teilnehmer vernetzen sich nach dem Seminar über verschiedene Medien zum Thema Transfer.	
Netzbriefe (⇨ S. 193)	Die Teilnehmer schreiben nach dem Seminar an sich selbst oder untereinander Briefe mit verschiedenen Strategien.	

Methoden – Ver-rücktes		
Ungewöhnliches ausprobieren		
Zukunftsseminar (⇨ S. 198)	Für das komplette Seminar wird angenommen, es hätte bereits in der Vergangenheit stattgefunden. Die reale Zeit ist die Zukunft.	
Beginn-Feedback (⇨ S. 201)	Schon zu Beginn des Seminars wird das Schluss-Feedback eingeholt.	
Transferwald (⇨ S. 203)	Nach dem erfolgreichen Abschluss jeder Transfermaßnahme wird auf einem speziell dafür erworbenen Grundstück ein Baum gepflanzt.	
Tamagotchi (⇨ S. 206)	Jeder Teilnehmer erhält ein Tamagotchi, das ihn an seinen Transfer erinnert und sich durch Erfolge ernährt.	
Methoden – Alternativen zu Seminaren		
Anderes ausprobieren		
Mosaiktraining (⇨ S. 210)	Das Seminar wird in mehrere kleine Sequenzen zerlegt. In den Zwischenzeiten werden konkrete Aufgaben umgesetzt, die zu Beginn der nächsten Sequenz genau reflektiert werden.	
Kompetenzaktivierung (⇨ S. 212)	Anstatt ein Seminar durchzuführen, wird sofort ein konkretes Projekt zum Thema umgesetzt.	

W BELTZ WEITERBILDUNG

Johanna Maria Huck-Schade
**Neue kreative Wege
im Seminar**
Ein Methodenbuch für
den ideenreichen Einsatz von
Materialien.
189 S. Zahlr. Abb. Pappband.
ISBN 3-407-36350-8

Eine einmalige Sammlung
von kreativen Übungen zur
lebendigeren Gestaltung von
Kursen und Seminaren.
Berufliche Seminare müssen
nicht theorielastig sein. Gerade
das spielerische, experimen-
telle Herangehen im kreativen
Prozess eröffnet oft neue Perspektiven: Blockaden werden
abgebaut, festgefahrene Gedanken gelockert, Problem-
lösungen besser erkannt.
Johanna Maria Huck-Schade
zeigt Wege auf, verschiedene
Medien und Materialien
kreativ mit unterschiedlichen
Themen zu verbinden.

Aus dem Inhalt:
Der kreative Prozess; Einsatz
»kreativer« Medien und
Materialien: Zeichnen, Malen,
Papier, Collage, Ton, Masken,
Objektbau, Fotografie usw.

Ulrich Lipp / Hermann Will
Das große Workshop-Buch
Konzeption, Inszenierung
und Moderation von
Klausuren, Besprechungen
und Seminaren.
299 S. 170 Abb. Pappband.
ISBN 3-407-36375-3

»Wenn jemals das gern zitierte
Schlagwort ›Aus der Praxis
für die Praxis‹ zutraf, dann
bei diesem Buch. (...) Und
es bleibt zu hoffen, dass
Moderatoren, Trainer und
Dozenten dieses Buch zu ihrer
Pflichtlektüre machen.«
Dr. M. Madel, Seminarführer

»Fazit: Ein Buch für den
Praktiker! Leseleicht, sehr gut
gegliedert und illustriert.
Mit zahlreichen Tipps und
Tricks für den erfolgreichen
Ablauf eines Workshops.«
TRAINING aktuell

Aus dem Inhalt:
Workshop-»Philosophie«;
Ablaufpläne von Workshops;
Visualisieren und Dokumen-
tieren; Umsetzung anschieben;
Krisenmanagement;
Workshop-Exoten.

Bernd Weidenmann
**Erfolgreiche Kurse
und Seminare**
Professionelles Lernen mit
Erwachsenen.
224 S. Pappband.
ISBN 3-407-36346-X

Erwachsene Lerner sind
anspruchsvoll. Sie wünschen
sich lebendige, effektive,
praxisnahe Kurse und Seminare. So werden Kurs- und
Seminarleiter in der Erwach-
senenbildung heute mehr
denn je gefordert. Der
renommierte Lernpsychologe
und erfahrene Trainer Bernd
Weidenmann stellt vor, worauf es ankommt.

»Ein Buch, das auf dem
Schreibtisch eines jeden Trainers und Seminarleiters seinen
festen Platz haben sollte.«
Dr. M. Madel, Seminarführer

Aus dem Inhalt:
Die Lernarbeit: Situationen
und Personen; Die wichtigsten
Methoden; Die wichtigsten
Medien; Den Prozess gestalten:
Symbole, Spiele, Krisen.

Gudrun F. Wallenwein
Spiele: Der Punkt auf dem i
Kreative Übungen
zum Lernen mit Spaß.
252 S. Zahlr. Abb. Pappband.
ISBN 3-407-36341-9

Die Konzentration der
Seminargruppe lässt nach, die
Aufmerksamkeit sinkt und
nichts wird mehr aufgenom-
men. Möchten Sie das in
Ihren Seminaren vermeiden?
Gudrun F. Wallenwein hat
Spiele und Übungen für
Seminare gesammelt und den
verschiedenen Einsatzmög-
lichkeiten zugeordnet.

»Eine einmalige, fantastische
Sammlung in Seminaren er-
probter Spiele und Übungen,
die in den unterschiedlichsten
Situationen eingesetzt werden
können.«
villa bossaNova, skill media

Aus dem Inhalt:
Der Seminarbeginn; Spiele in
und nach der Pause; Konzen-
trationsspiele; Kreativspiele;
Entspannung; Am Ende eines
Seminartages; Das Seminarende.

Beltz Verlag · Postfach 100154 · 69441 Weinheim · www.beltz.de

W BELTZ WEITERBILDUNG

Rolf Kretschmann
Die Kraft der inneren Bilder
101 Übungen, mit denen
Sie Probleme in Beruf und
Privatleben meistern können.
216 S. 38 Abb. Pappband.
ISBN 3-407-36362-1

Probleme leichter, lockerer,
lustvoller lösen: Innere Bilder
helfen dabei. Sie sind kreative
Ansätze, um Konflikte
bearbeiten zu können. Rolf
Kretschmann zeigt, wie der
Einstieg in die innere Bilder-
welt Sichtweisen verändern
kann. Dies führt zu besonderen Ideen, hilft Konflikte
zu lösen und Entscheidungen
zu treffen. Auch Trainerinnen
und Trainer erhalten Tipps,
wie sie die Übungen in ihren
Seminaren einsetzen können.

»... das Buch enthält selbst für
Weiterbildungsprofessionals
viele neue Anregungen.«
wirtschaft & weiterbildung

Aus dem Inhalt:
Probleme lockern; Lösungen
testen und weiterentwickeln;
Konflikte lösen und
Verhandlungen führen.

Carole Maleh
**Open Space:
Effektiv arbeiten mit
großen Gruppen**
Ein Handbuch für Anwender,
Entscheider und Berater.
156 S. Pappband.
ISBN 3-407-36363-X

Open Space: Diese neue
Methode für die Arbeit mit
großen Gruppen bietet un-
geahnte Möglichkeiten. Die
Veranstaltung steht unter
einem Leitthema, zu dem die
Teilnehmenden selbst die
Initiative ergreifen, es in Ein-
zelthemen aufgliedern und
in Workshops genau die für
sie interessanten Aspekte
behandeln.
Open Space ist interessant für
alle, die nach neuen Arbeits-
methoden suchen, um Betei-
ligte erfolgreich zu motivieren,
Veränderungen voranzutrei-
ben und langfristige Ergebnisse zu erzielen.

Aus dem Inhalt:
Open Space in der Anwen-
dung; Der Werkzeugkasten;
Die Durchführung; Die Open
Space-Praxis; Häufige Fragen.

Jörg Knoll
**Kurs- und
Seminarmethoden**
Ein Trainingsbuch zur
Gestaltung von Kursen und
Seminaren, Arbeits- und
Gesprächskreisen.
227 S. Broschiert.
ISBN 3-407-36336-2

Dieses Methoden-Handbuch
ist für alle, die bereit sind,
»methodische Fantasie« zu
entwickeln. Darunter versteht
Jörg Knoll die Fähigkeit,
Methoden stimmig auszu-
wählen und einzusetzen, sie
zu verändern und selbst
welche zu erfinden. Einzelne
Methoden werden konkret
vorgestellt. Spezielle Hinweise
für Kursleiter erleichtern die
Vorbereitungsarbeit.

»Ein vergleichbar solide
gemachtes, praxisnahes und
ansprechendes Methodenbuch
ist mir nicht bekannt.«
Hans-Joachim Petsch

Aus dem Inhalt:
Methoden in der Anwendung;
Sandwich-Methode, Fallarbeit,
Fantasiereise u.v.m.

Jörg Fengler
Feedback geben
Strategien und Übungen.
141 S. Zahlr. Abb. Broschiert.
ISBN 3-407-36344-3

Feedback ist eine gute Übung,
eigenes und fremdes Erleben
und Verhalten sensibel aufeinander abzustimmen. Jörg
Fengler erläutert anhand von
15 Strategien mit vielen
Übungen, wie Feedback zielgerichtet eingesetzt, optimal
trainiert und erfolgreich realisiert werden kann. Verstim-
mung, Missmut, Schweigen:
oft geraten Partner, Gruppen
oder Teams in Sackgassen, aus
denen sie nicht mehr mit eigenen Mitteln herausfinden. In
diesen Fällen ist das Feedback-
Geben eine große Hilfe. Jörg
Fengler macht deutlich, wie
Feedback oft zu einem überraschenden Perspektiven-
wechsel verhilft und neue
Handlungsimpulse auslöst.

Aus dem Inhalt:
Das Feedback-Konzept;
Strategien des Feedback-
Austauschs; Seminar-
Feedback; Selbst-Feedback.

Beltz Verlag · Postfach 100154 · 69441 Weinheim · www.beltz.de

*W*BELTZ WEITERBILDUNG

Friedemann Schulz von Thun
Praxisberatung in Gruppen
Erlebnisaktivierende Methoden mit 20 Fallbeispielen zum Selbsttraining für Trainerinnen und Trainer, Supervisoren und Coachs.
216 S. Broschiert.
ISBN 3-407-36325-7

Dieses Buch gibt eine grundlegende Einführung in die erlebnisaktivierende Praxisberatung. Im Seminar kommt damit jeder mit seinem persönlichen Anliegen zum Zuge. Anhand von zwanzig Fallbeispielen werden die gewählten Vorgehensweisen ausführlich erläutert.

»Fazit: Eine überzeugend vermittelte Beratung für Trainer, die ihre Kommunikationsseminare erfolgreicher und vor allem abwechslungsreicher gestalten wollen.«
TRAINING aktuell

Aus dem Inhalt:
Kontexte erlebnisaktivierender Praxisberatung; Die Bearbeitung der Anliegen; Fallbeispiele zum Selbsttraining.

Karlheinz A. Geißler
Anfangssituationen
Was man tun und besser lassen sollte.
179 S. Broschiert.
ISBN 3-407-36303-6

Dieses Buch gibt konkrete Hinweise, wie Anfänge in Kursen und Seminaren gestaltet werden können.

Auch wenn Sie die Anfänge Ihrer Seminare immer ohne mulmiges Gefühl souverän und überlegen meistern, keine Probleme mit Dauerrednern und Schweigern haben, Zuspätkommende problemlos integrieren und schon genügend Spiele für schwungvolle Anfänge kennen, werden Sie dieses unterhaltsam geschriebene Buch mit Vergnügen lesen.«
villa bossaNova

Aus dem Inhalt:
Die Soziodynamik von Anfangssituationen; Die Angst des Dozenten vor und in Anfangssituationen; Redner und Schweiger; Beispiele von Anfangssituationen.

Karlheinz A. Geißler
Lernprozesse steuern
Übergänge: Zwischen Willkommen und Abschied.
215 S. 61 Abb. Broschiert.
ISBN 3-407-36320-6

»Ein Buch wie die bekannte Schokolade: quadratisch, praktisch, gut. Schmackhaft durch die Mischung von konzeptionellem Anspruch mit einsichtigen Vorschlägen zu deren Umsetzung, bekömmlich durch reichhaltige Zugabe von Zitaten, Aphorismen, Schaubildern, Karikaturen und anderen Einsprengseln, die den Gedankenfluss witzig kommentieren (...). Einladend strukturiert und portioniert, daher in langen Riegeln wie auch in kleinen Stücken zu genießen.«
Jürgen Kleindick, das forum

Aus dem Inhalt:
Lehr-/Lernprozesse steuern und gestalten; Schwierige Situationen; Übergänge; Die Gruppe und ihre Dynamik.

Martin Hartmann / Michael Rieger / Marketta Luoma
Zielgerichtet moderieren
Ein Handbuch für Führungskräfte, Berater und Trainer.
156 S. Zahlr. Abb. Pappband.
ISBN 3-407-36356-7

In vielen Unternehmen und Organisationen spricht es sich herum: gut moderierte Gruppen sind einfach effizienter. Die Zusammenarbeit verläuft zufriedenstellender, die Ergebnisse erfüllen höchste Ansprüche und werden von allen Gruppenmitgliedern getragen. Und die Chance, dass derartige Ergebnisse in der Praxis auch wirklich zur Anwendung gelangen, steigt enorm.

»Fazit: Ein überzeugendes Buch, das Schritt für Schritt den Weg in moderierte Besprechungen zeigt.«
TRAINING aktuell

Aus dem Inhalt:
Was bedeutet Moderation? Die Stärken der Methode; Vorbereitung und Ablauf einer moderierten Sitzung; Checklisten für die Praxis.

Beltz Verlag · Postfach 10 01 54 · 69441 Weinheim · www.beltz.de